Wandern und Einkehren

Rhön

Biosphärenreservat Rhön
Naturpark Bayerische Rhön
Naturpark Hessische Rhön
Thüringische Rhön
Kuppenrhön – Hohe Rhön – NSG Lange Rhön

Rhönhöhenweg

Stadtrundgänge – Ortsbeschreibungen
Bad Kissingen – Bad Neustadt – Bad Salzschlirf – Bad Salzungen
– Bischofsheim – Ebersburg – Fladungen – Fulda – Geisa –
Gersfeld – Hammelburg – Hilders – Hofbieber – Hünfeld –
Meiningen – Mellrichstadt – Oberelsbach – Ostheim v. d. Rhön –
Poppenhausen – Stadtlengsfeld – Thalau – Wasungen –
Wildflecken

Die abwechslungsreiche Landschaft der **Rhön** mit über 5000 km
markierten Wanderwegen ist zum Wandern wie geschaffen.
Langgestreckte Höhenzüge, flachwellige Hochebenen und viele
Kuppen sowie Felder, Wiesen, und Wälder bieten die besten Vor-
aussetzungen für schöne und erlebnisreiche Wanderungen. Die
75 exakt beschriebenen Rundwanderwege fassen die schönsten
Touren zusammen und auch der Rhönhöhenweg findet Erwähnung.
Es geht von Gersfeld ins Rote Moor, zur Kirchenburg in Ostheim, zum Erlebnis Bergwerk in Merkers und auf die Wasserkuppe. Eine Weinbergwanderung um Hammelburg ist mit dem
Band „Rhön" ebenso möglich wie eine Wallfahrt zum heiligen
Berg der Franken, dem Kreuzberg.
In „Wandern und Einkehren" wird selbstverständlich auch die
kulinarische Vielfalt der Rhöner Küche berücksichtigt. Spezialitäten wie Rhönforelle, Wildschweinschinken, selbst gebrautes
Bier, originale Thüringer Klöße, die unzähligen Variationen
vom Rhönlamm oder hausgemachte Kuchen zum Kaffee sollte
man sich auf keinen Fall entgehen lassen!

In diesem Buch werden Ihnen *die schönsten Wanderwege und die
gemütlichsten Oasen der Einkehr* aufgezeigt.

Ein Buch j

D1730173

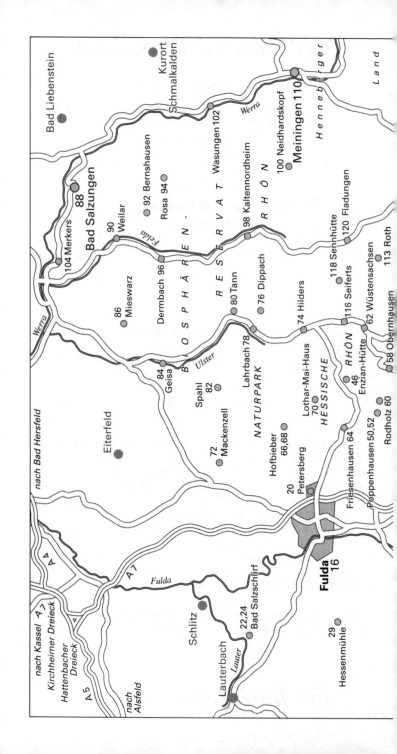

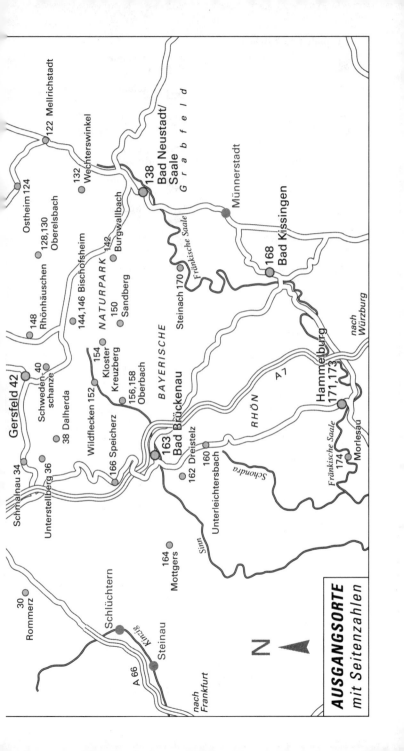

AUSGANGSORTE
mit Seitenzahlen

Symbole und Zeichen

▨	eindrucksvolle Landschaft	⛰	markante Felsen
⌂	mittlere Steigungen	◮	Höhle/ Grotte
◭	stärkere Steigungen	▣	teilweise schöne Aussicht
▨	etwa zur Hälfte Wald	▨	großartige Rundblicke
▨	über die Hälfte Wald	▨	lohnender Aussichtspunkt
▨	Weinberge	▨	Burgen und Schlösser
▨	prägnanter Fluss/Bach	▨	sehenswerte Sakralbauten
▨	romantischer Wasserfall	▨	historische Profanbauten
▨	schöner See/ Teich		

Abkürzungen

abw	=	abwärts	ÖZ	=	Öffnungszeiten
AP	=	Aussichtspunkt	Ⓟ	=	Parkplatz
AT	=	Aussichtsturm	⊕	=	Parkhaus
aufw	=	aufwärts	⊖	=	Tiefgarage
br	=	breit	re	=	rechts
ger	=	geradeaus	Ri	=	Richtung
gr	=	groß	Ru	=	Ruhetag
ⓘ	=	Tourist-Info	Std(n)	=	Stunde(n)
kl	=	klein	Str	=	Straße
li	=	links	Wbh	=	Wasserbehälter
Min	=	Minuten	Ww	=	Wegweiser
ND	=	Naturdenkmal	Z	=	Wegzeichen
NSG	=	Naturschutzgebiet	(!)	=	Wegführung beachten

Markierungsabkürzungen

MA = Markierungsanfang   *OM = Ohne Markierung*
MW = Markierungswechsel   *LM = Lokalmarkierung*

Wanderkarten

Bayerisches Landesvermessungsamt München, Topographische Karte 1:50000: Naturpark Rhön, Südblatt; Hessisches Landesvermessungsamt, Topographische Karte 1:50000: Naturpark Hoher Vogelsberg, Nr. 8; Naturpark Rhön, Nordblatt, Nr. 9; Thüringer Landesvermessungsamt, Topographische Karte 1:50000: Thüringische Rhön, Vordere Rhön; UNESCO-Biosphärenreservat Rhön, Topographische Karte 1:25000: Freizeitkarte Gersfeld; Fritsch Wanderkarten 1:50000: Westlicher Thüringer Wald (Nr. 45); Naturpark Rhön (Nr. 68); Landkreis Schweinfurt (Nr. 87); 1:35000: Hohe Rhön, Kreuzberg, Wasserkuppe, Rother Kuppe (Nr. 145).

Wandern und Einkehren

Rhön

- Herrliche Wanderwege
- Gemütliche Gasthöfe
  Hotels und Pensionen
- Anfahrtsstrecken
- Parkmöglichkeiten

D1730227

nach den Wanderungen von
Vagabundus
Wanderer zwischen Weg und Wirtschaft

herausgegeben von
Georg Blitz und Emmerich Müller

Ein Wanderführer im
Drei Brunnen Verlag Stuttgart

Einbandgestaltung:	Jürgen Reichert
Titelfoto:	Kirchenburg in Ostheim/Rhön (Foto: Rotzal)
Karten und Skizzen:	cartomedia, Karlsruhe

Wanderungen:

Gudrun Baier	Marina und
Georg Blitz	Rainer Koch
Adam Deberle	Gerhard Muth
Käthe und Peter Eißner	Sigrid Preller
Stefan Faulstich	Klaus Ullerich
Rainald Jeske	Kerstin Wagner
Christoph Helfbernd	Jörg Zeller
Walter Kelling	und
	Vagabundus

Bildnachweise:
Werner Zeise (S. 25 o., 26 u., 133 o.), Klaus-Peter Wolf, München (S. 25 u.), Bernhard Nieland, Bad Kissingen (S. 26 o., 136 o.), Erich Gutberlet, Großen-lüder (S. 27 o., 27 u., 28 o.), Archiv Stadt Gersfeld (S. 28 u.), Joachim Jenrich (S. 53 o., 53 u.), Heribert Kramm (S. 54 o., 56 u.), Josef Wiegand (S. 54 u.), Archiv der Gemeinde Poppenhausen (S. 55 o., 55 u.), Rolf Kreuder (S. 56 o.), Roland Reißig (S. 105 o.), Kali und Salz GmbH (S. 105 u.), Ludwig Wagner (S. 106), Archiv der Kurverwaltung Bad Salzungen (S. 107 o.), Verkehrsamt Fladungen (S. 107 u.), Jo Schmid (S. 133 u.), Archiv Bayerisches Staatsbad Bad Kissingen GmbH (S. 134 o.), Bernhard Großmann, Hildburghausen (S. 134 u.), Archiv des Verkehrsvereins Bischofsheim (S. 135 o.), Quak (S. 135 u.), Müller, Wechterswinkel (S.136 u.).

Die Deutsche Bibliothek – CIP-Einheitsaufnahme

Rhön: nach den Wanderungen von Vagabundus hrsg. von Georg Blitz und Emmerich Müller. – Stuttgart : Drei-Brunnen-Verl., 1999
    (Wandern und Einkehren ; 35)
    ISBN 3-7956-0261-0

ISBN 3-7956-0261-0
1. Auflage 1999

Inhalt

Wichtige Hinweise

Lieber Wanderfreund,
damit Sie den größtmöglichen Gewinn aus dem Gebrauch dieses Wander- und Gastronomieführers ziehen können, sollten Sie die folgenden Vorbemerkungen beachten:

● **Weg und Zeit** – Hier ist im Grunde die *Kilometerangabe* entscheidend. Die *Zeitangabe* bedeutet *reine Gehzeit* bei einer *durchschnittlichen Wegstrecke von 4 km pro Stunde* auf der Ebene oder bei leichten bis mittleren Steigungen. Bei stärkeren Steigungen verringert sich diese Durchschnittsleistung etwas. Einen Hinweis erhalten Sie durch das entsprechende *Symbol*.

● **Wegmarkierungen** – Die Markierungen durch den *Rhönklub* und seine *Ortsverbände* sowie durch örtliche Institutionen sind vorbildlich.

● **Markierungsangaben** – Die *Marginalien* am Seitenrand dienen der besseren Hervorhebung einer Angabe im Textteil. Sie gelten jeweils bis zum nächsten Randvermerk. Allerdings finden sich bei den Wegbeschreibungen zur besonderen Hervorhebung verschiedentlich auch Wiederholungen der Zeichen nur innerhalb des Textes.

● **Wegeskizzen** – Sie dienen dazu, Ihnen eine Übersicht zu vermitteln, damit Sie keine groben Fehler machen. Beachten Sie bitte zur Ausrichtung der Skizze den *Nordpfeil!*

● **Wort-Abkürzungen** – Sie sind wanderwegbezogen und daher leicht verständlich. Sie dienen nicht etwa der schnelleren Lesbarkeit, sondern der Platzersparnis, da eine *exakte Wegbeschreibung* sehr viel Raum in Anspruch nimmt.

● **Rundwanderwege** – Durch die Rundwege bzw. die Verbindungswege zwischen den Gasthöfen ergeben sich völlig neue, überraschend schöne und originelle Routenkombinationen. Selbstverständlich kann eine Wanderung bei *jedem Gasthof* eines Weges aufgenommen und beendet werden.

● **Geschichte – Kunst – Kultur** – *Vagabundus,* Historiker und Kunsthistoriker, stellt jeweils in knapper Form das geschichtliche, kunstgeschichtliche und kulturelle Umfeld eines Weggebietes vor, um dadurch das Erlebnis einer Wanderung wesentlich vertiefen zu helfen.

● **Hotels – Gasthöfe – Restaurants – Weinstuben – Cafés** – Durch eine glückliche Hand bei der sorgsamen Auswahl, verbunden mit einem großen Engagement profilierter Gastronomen, ist es gelungen, für Wanderer und Wandergruppen, Spaziergänger, Ausflügler oder auch „reine Einkehrer" hervorragend geeignete Betriebe aufzunehmen. *Die hier genannten Einkehrziele zählen zum Empfehlenswertesten, was die Gastronomie dieser Region zu bieten hat.*

Selbstverständlich kann es durch Besitzer- oder Pächterwechsel nach Drucklegung immer wieder einmal zu Veränderungen von Angebot, Qualität, Preis und Ruhetag kommen.

● **Viel Spaß** auf Ihren Wanderwegen wünscht Ihnen Ihr
Vagabundus per pedes

„Das heißt leben,
die Seele laben in Wald und Flur,
den Körper wandernd stärken,
dem Herzen Gutes tun in freier Luft.
Das Hochgefühl vertiefen,
voll frohen Sinns und Heiterkeit
bei guter Speis und edlem Trank
im Schoß eines gastlichen Hauses.
So zu leben,
heißt lang zu leben.

Vagabundus

Biosphärenreservat Rhön heißt, einfach mal über den Tellerrand schauen!

Lebensraum Rhön
EIN BIOSPHÄRENRESERVAT DER UNESCO

Worum es im *Biosphärenreservat Rhön* geht, erklärt man am besten während eines Essens mit Rhöner Lamm- oder Rinderbraten, Pellkartoffeln und Rotkohl, süffigem Apfelwein und hinterher einem kleinen hausgebrannten Obstler. Warum? Weil Biosphärenreservat zuallererst etwas ganz Praktisches ist, etwas zum Anfassen, zum Schmecken, zum Erleben!

Wer in einem Rhöner Gasthof sitzt und sich statt der üblichen Allerwelts-Gerichte eine echte Rhöner Spezialität servieren lässt, der ist schon, ohne es zu wissen, mittendrin im Biosphärenreservat und seiner Zielsetzung, der Erhaltung der Kulturlandschaft *Rhön.*

Das *Biosphärenreservat Rhön* erstreckt sich mit einer Gesamtfläche von rund 132 000 ha über die drei Bundesländer *Bayern, Hessen* und *Thüringen.* Es deckt sich weitgehend mit der naturräumlichen Einheit *Rhön.*

Das *Biosphärenreservat Rhön* will nachvollziehbar für andere Regionen zeigen, dass sich ökologisches Handeln durchaus bezahlt machen kann, dass es sich lohnt, in Zusammenhängen zu denken und bei jeglichem Handeln und Wirtschaften den Natur- und Lebensraum einzubeziehen. Ökologisches Denken soll kein Selbstzweck sein, sondern soll lebendig werden in konkreten Projekten und Initiativen. In der *Rhön* gibt es tatsächlich mittlerweile hunderte davon, kleine und große, in allen Lebensbereichen von Artenschutz bis Arbeitsplatz, von Apfelinitiative bis Ziegenkäse, von Tourismus bis öffentlicher Nahverkehr, von ökologischem Landbau über regenerative Energiegewinnung bis zu landschaftsgerechtem Bauen.

Denn darum geht es: zu zeigen, dass wir Menschen durchaus fähig sind, im Einklang mit der Natur zu leben und zu wirtschaften. Das ist das Ziel des weltweiten UNESCO Programmes *„Der Mensch und die Biosphäre",* in das neben der *Rhön* ca. 340 Regionen rund um den Globus eingebunden sind, alle mit den gleichen Zielsetzungen und Aufgaben. Dazu gehört auch die intensive Umweltforschung, die die Auswirkungen menschlichen Handelns untersuchen soll, sowie die Umweltbildung, die diese Erkenntnisse vermitteln will.

Um zu verstehen, was damit gemeint ist, braucht man nur ein bisschen über den Tellerrand zu schauen. Sozusagen vom Rinderbraten zu der Weidefläche, wo das Rind, das man isst (so „brutal" ist das nun mal), einst stand und graste. Von da aus zum Landwirt, der mit seiner Arbeit den wichtigsten und unverzichtbaren Beitrag leistet, um die *Rhöner Landschaft* als das zu erhalten, was sie heute noch ist – das „Land der offenen Fernen" mit seinen einzigartigen Ausblicken, die jährlich immerhin über zwei Millionen Besucher anlocken. Aber es geht noch weiter: vom Landwirt zum Land, zur Natur und dessen Schutz. Wer jetzt erwartet, dass hier der große Schwachpunkt liegt, wie in vielen anderen Regionen, der irrt. Im *Biosphärenreservat Rhön* arbeiten Landwirtschaft und Naturschutz Hand in Hand. Denn jeder weiß: Man braucht einander. Die offenen Flächen, die meist Lebensräume sind für viele selten gewordene, teilweise vom Aussterben bedrohte Tiere und Pflanzen, können langfristig nur durch die *Rhöner Landwirte* erhalten werden.

Schön und gut, aber was macht der Landwirt nun bei sinkenden Preisen mit seinem Rindfleisch aus extensiver oder ökologischer Haltung? Nun, im besten Fall garantiert er eine absolut einwandfreie Herkunft und höchste Qualität, lässt es (was in nächster Zukunft geschehen wird) mit dem Qualitäts- und Herkunftszeichen des *Biosphärenreservats Rhön* kennzeichnen und vermarktet es, eventuell sogar selbst, an einen Gastronomiebetrieb. Voilà.

Jetzt weiß man auch, warum Rhöner Produkte doppelt gut schmecken. Einige nennen es „Naturschutz durch Genuss", andere „Schutz durch Nutzung". Sicher ist, man kann mit allerbestem Gewissen Rhöner Produkte genießen. Denn die helfen mit, die *Rhön* und ihre wichtigen Rückzugsgebiete für selten gewordene Tiere und Pflanzen zu bewahren, Transport und Verpackung zu vermeiden sowie regionale Arbeitsplätze zu erhalten. Wenn der Gast Rhöner Lammbraten isst, dann sollte er sich die Geschichte von der Rückkehr des Rhönschafs erzählen lassen, wie neue Arbeitsplätze für Schäfer entstanden, wie in Deutschland einmalige Lebensräume wie Kalkmagerrasen oder Borstgrasrasen erhalten werden und wie die regionale Vermarktung des Fleisches in der Gastronomie hilft, diesen wichtigen Kreislauf zu erhalten. Und bei einem Glas Apfelwein kann man etwas über die Erhaltung von Streuobstwiesen erfahren, über die Einrichtung von Keltereien und die mittlerweile bekannte „*Rhöner Apfelinitiative*". Umweltschutz bedeutet in der *Rhön* somit in jedem Bereich eine Fülle an Projekten und Initiativen, an Engagement und gutem Willen und an Menschen, die eine neue Perspektive gefunden haben.

Wenn man also beispielsweise auf den herrlichen Rhöner Wanderwegen unterwegs ist oder mit dem *Wasserkuppe-Wander-Bus* die wunderbare Landschaft der *Rhön* „erfährt" und dann in einem Gasthof einkehrt, bestellt man einfach eine *Rhöner* Spezialität, trinkt ein Rhöner Getränk, und ist schon mittendrin: im *Biosphärenreservat Rhön*. Auch wenn das Wort ein bisschen schwierig ist, es ist manchmal einfacher als man denkt!

Wer noch mehr wissen möchte, wendet sich einfach an die *Hessische Verwaltungsstelle des Biosphärenreservats Rhön, Georg-Meilinger-Str. 3, 36115 Ehrenberg, Tel. 06683-9602-0, Fax 06683-960221.*

Der Naturpark Rhön

Der Name „Rhön" ist erst seit dem 13. Jh. bekannt. Vorher – seit dem 8. Jh. – hieß das Gebiet „Buchonia", d. h. Bergland. Wesentliche Teile gehören seit 1991 zu dem von der UNESCO anerkannten *Biosphärenreservat Rhön*, das auch die *Thüringische Rhön* einschließt. Geologisch betrachtet gehört die *Rhön* zu den vulkanischen Gebirgen. Ihre Höhen bestehen in ihrer Hauptmasse aus Basaltdecken und -schloten (Phonolith), die im Tertiär den aus Buntsandstein und Muschelkalk bestehenden Grundstock überdeckten. Zu den besonderen Naturschönheiten der *Rhön* zählen fünf- bis achtkantige Basaltsäulen, aufragend wie Pfeifen einer uralten Weltorgel, mächtige Basaltfelsen aus geborstenen Pfosten und Platten. Die Landschaft ist geprägt von den flachwelligen ausgedehnten Hochlagen der *Langen* und *Wasserkuppenrhön* (800–950 m) und durch die Basaltkegel der *Kuppenrhön*, mit imposanten Aussichtspunkten, die sie zum „Land der offenen Fernen" machen.

Durch die geologische Vielfalt gehört die *Rhön* zu den vegetationskundlich besonders interessanten Gebieten. Vor allem der Wechsel von Hochwäldern, Feldfluren, Mooren, blumenübersäten Wiesen, Hecken und ausgedehnten Magerrasen zeichnet die *Rhön* aus. Besonders eindrucksvoll ist auch die Vegetation der Hochmoore *Schwarzes, Kleines* und *Großes Moor*, wo Torfmoose, Wollgras, Sonnentau, Moosbeere, Krähenbeere und Heidekräuter zu finden sind. Daneben bietet die Rhönflora weitere Seltenheiten wie Frauenschuh, Schachblume, Arnika und Türkenbund. Die Tierwelt zeichnet sich ebenso durch eine bemerkenswerte Artenvielfalt, vor allem bei den Vögeln, Faltern und Heuschrecken aus. Größere Rotwildbestände kommen lediglich in den ausgedehnten Waldgebieten der *Fränkischen Vorderrhön* vor. Rehe und Schwarzwild dagegen sind häufig in den zahlreichen Feldgehölzen anzutreffen. Das gilt auch für Raubwild, das in der reich strukturierten Kulturlandschaft und in den naturnahen Wäldern günstige Bedingungen findet. Seltenen Vogelarten wie Schwarzspecht, Bekassine, Wachtelkönig und sogar dem Eisvogel bieten sich in der abwechslungsreichen Landschaft geeignete Lebensmöglichkeiten.

Von den Naturparkbehörden markierte Rundwege und Naturlehrpfade, teilweise auch für Rollstuhlfahrer, gehen von Parkplätzen aus. Übersichtstafeln und Broschüren informieren über Verlauf, Länge, Markierung und Schwierigkeitsgrad.

Auskünfte erteilen:

Der *Zweckverband Naturpark und Biosphärenreservat Bayerische Rhön, Siemensstr. 10, 97616 Bad Neustadt/S., Tel. 09771/94-160, Fax 09771/94-154 und Naturpark Hessische Rhön, Wörthstr. 15, 36037 Fulda, Tel. 0661/6006386.*

Ihr direkter Draht in die Rhön

Die Tourismusorganisationen der Rhön helfen Ihnen gerne bei der Zusammenstellung Ihres Wanderurlaubs.

Wir bieten an:
- Wandern ohne Gepäck mit 5- und 10-Tagestouren
- Geführte Ganz- und Halbtageswanderungen
- Organisierte Wanderwochen
- Ausarbeitung von Wandervorschlägen
- Zimmervermittlung für Individualreisende und Wandergruppen
- Wanderkarten und Wanderwegbeschreibungen
- Wanderführer

Tourist-Information Rhön
Obere Marktstraße 6
97615 Bad Kissingen
Tel.: (0971) 801120
Fax: (0971) 801121

Touristinformation Rhön
Schloßhof 4
36452 Kaltennordheim
Tel.: (036966)81220
Fax: (036966) 81220

Fremdenverkehrsverband
Rhön e.V.
Rhön-Service-Center
Wörthstraße 15
36037 Fulda
Tel.: (0661) 6006-111
Fax: (0661) 6006-120

Fulda – Erlebenswerte Barockstadt

Anfahrt – A 7, AS *Fulda-S./ Eichenzell* oder *Fulda-N.* – B 27 *Würzburg – Hammelburg* bzw. *Bad Hersfeld – Hünfeld.* – A 66/ B 40 *Frankfurt – Gelnhausen.* – B 254 von *Alsfeld.* – B 279 *Bad Neustadt – Gersfeld* – B 27. – B 458 *Batten* (B 278) – *Petersberg.* – *ICE-Station* (u. a. von *Berlin, Hamburg, München, Stuttgart*)

Parken – Zahlreiche Ⓟ, 🅟 u. Ⓟ. Günstig u. a. *City-Parkhaus.*

● **Fulda** (260 m) – Historisch geprägte Stadt in einem von der *Fulda* durchflossenen Becken zwischen *Rhön* und *Vogelsberg.* Kulturelles, wirtschaftliches und politisches Oberzentrum *Osthessens.* Verwaltungssitz des *Landkreises Fulda.* Kath. Bischofssitz. Präsidialbüro des Deutschen Ev. Kirchentages. Phil.-Theol. Hochschule. Fachhochschule. Schulviertel beidseits der B 27.

● **Aus der Geschichte** – Um 2000 v. Chr. erste Besiedlung. – Um 500 n. Chr. Bau eines fränk. Königshofs. – 744 Gründung des *Benediktinerklosters* durch *Sturmius.* Auftraggeber ist *Bonifatius,* Missionar und Organisator der Fränkischen Kirche. – 751 Privileg der Exemtion durch *Papst Zacharias.* – 754 *St. Bonifatius* erleidet den Märtyrertod in *Friesland.* Beisetzung in der *Klosterkirche.* – 774 Verleihung der Immunität. – 791–819 Bau der mächtigen *Ratgar-Basilika* als Grablege des *hl. Bonifatius.* – 969 Sedenzprivileg für die Äbte durch *Papst Johannes XIII.* – 1220 Die Äbte werden *Reichsfürsten* mit dem Titel „*Fürstabt".* – 1019 Die Siedlung außerhalb des Klosterbezirks erhält *Marktrecht.* – 1114 „*Stadt Fulda".* Ab 1523 Reformation und Gegenreformation. – 18. Jh. Barockzeit mit neuer Blüte von Stadt und Hochstift. Mit dem Bau von *Dom, Residenzschloss* und stattlichen *Adelspalais* wird ein außergewöhnliches Barockensemble geschaffen. – 1764–89 *Porzellanmanufaktur* mit hohem Qualitätsstandard. – 1802 Säkularisation, Ende des Hochstifts als politischem Gebilde.

● **Sehenswertes – Erlebenswertes** – In komprimierter Form, angelehnt an die beiden sehr empfehlenswerten Broschüren „*Fulda erleben"* (kleiner Stadtführer) und „*Auf zur Fulda Tour"* des *Städt. Verkehrsbüros* 🅸 im *Stadtschloss.* – **1) Stadtschloss** (1706–21), *ehem. Residenz der Fürstäbte und Fürstbischöfe.* Aus der mittelalterl. *Burg der Fürstäbte* (vollendet Anfang 14. Jh.) wurde in das *Renaissance-Schloss* von 1607–12 der Unterbau des *Bergfrieds* integriert. Ab 1706 erfolgte durch *Joh. Dientzenhofer* der An- und Ausbau zu einer *barocken Residenz.* Anfang 19. Jh. klassizist. Ausstattung des Nordflügels unter den *hess. Kurfürsten.* – Die **Historischen Räume** sind unbedingt sehenswert. U. a. *Kaisersaal* (1727–31) mit Arbeiten von *Dientzenhofer, Gallasini, Pozzi, A. Schwarzmann* u. *Welsch. Fürstensaal,* jetzt Festsaal für Kammerkonzerte. *Wohnräume der Fürstäbte. Spiegelkabinett.* Berühmte Sammlung der **Fuldaer Porzellanmanufaktur** (1764–89). – Ein Muss ist die Besteigung vom **Turm/Bergfried.** Unvergleichliche Rundsicht über die Stadt bis hin zu *Rhön* und *Vogelsberg. Panoramatafeln! –* Heute ist

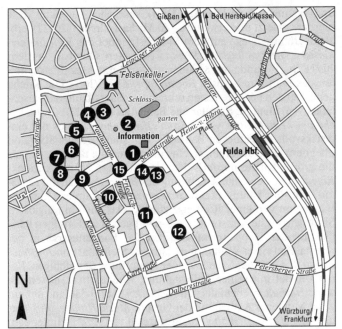

das Schloss Sitz der *Stadtverwaltung*. – **2) Schlossgarten** mit axial angelegten Wegen und einem *Fontänebecken* in deren Schnittpunkt. Eine gelungene Symbiose von Barock- und engl. Landschaftsgarten. Umstanden von hundertjährigen Buchen und Eichen, entfaltet sich ein Blütenmeer aus Rosen und Rhododendren. Auf der großen *Freitreppe* zur *Orangerie* die prächtige **Floravase** (1728) von *J. F. Humbach*, eine der schönsten deutschen *Barockplastiken*. – **3) Orangerie** (1722–25) von *Welsch, Stengel* und *Gallasini*, repräsentativer *Régencebau* mit dominierendem Mittelteil. *Weißer Saal* mit Stuckaturen von *A. Schwarzmann*, Deckengemälde (1730) von *E. Wohlhaupter*. Die *Orangerie* ist heute der Rahmen für große gesellschaftliche Ereignisse, Kongresse

17

und Tagungen. – **4) Paulustor** (1711), stattliches Barocktor, 1771 hierher versetzt und erweitert. – **5) Michaelskirche** (820–22), erb. als Begräbniskapelle auf dem Mönchsfriedhof des *Benediktiner- klosters*. Die *karolingische Krypta* ist erhalten. Oberbau aus dem 10./11. Jh., Rotunde mit 8 Säulen, davon 4 mit Akanthuskapitel- len des 9. Jh., und Apsis. *Rochuskapelle* 1715/16. – Die Kirche gehört zu den bedeutendsten mittelalterl. Sakralbauten Deutsch- lands. – **6) Dom St. Salvator und Bonifatius** (1704–12), *Grabeskir- che des hl. Bonifatius* von *Johann Dientzenhofer*, eines der ein- drucksvollsten barocken Bauwerke der Stadt. Bereits 819 stand über dem Grab des Heiligen eine monumentale Basilika, damals die größte Kirche nördlich der Alpen (Länge 219 m, Architekt *Ratgar*). Die bewusste Anlehnung des *Barockdoms* an die *Peters- kirche* in *Rom* ist unverkennbar. *Dientzenhofer* kam erst kurz vor Baubeginn von einer Romreise zurück. Das auch in religiösem Sinne wichtigste Kunstwerk der 3-schiffigen kreuzförmigen Basi- lika mit der Doppelturmfassade ist das **Bonifatiusgrab** in der Krypta, Ziel vieler Wallfahrten. Barocker Steinaltar von *Joh. Neu- decker d. Ä.* mit der Szene von der Ermordung des Heiligen. Re- tabel-Relief mit seiner Auferstehung. Außerdem u. a. sehens- wert: *Hochaltar*, ebenfalls von *Neudecker*. Auf 6 Säulen ruht ein geschwungener Aufbau mit der Gruppe *Maria Himmelfahrt*, dar- über die *Heilige Dreifaltigkeit*, Stuckrelief von *Artari*. Hinter dem

Auch für das leibliche Wohl wird in Fulda bestens gesorgt:
● **Brauereigaststätte „Felsenkeller"** – *Fuldas Brauereigaststätte* seit 1848. Anfangs der *Leipziger Str*, gleich hinter dem *Paulustor*. Rustikale Gasträume. Herrlicher Biergarten mit prächtigen Bäu- men und Grill-Pavillon. Zünftige, gemütliche Atmosphäre. Bekannte gutbürgerl. Küche mit zarten Steaks, Tafelspitz, Pute, Fisch. Grillteller „Bierkutscher Art". Deftiges aus dem Fuldaer Land. Vegetarisches. Salate. Herzhafte Vesper. Fassbier (Braue- rei-Ausschank). Offene Weine. Günstige Preise. – *Kein Ru.* – Ⓟ ab 16 Uhr beim Haus, sonst nahebei.

Hochaltar der *Mönchschor* mit prachtvollem Chorgestühl. *Dreikönigsaltar* von *W. Fröhlicher* mit Alabasterfiguren des *hl. Bonifatius* und des *hl. Sturmius*, Altarbild von *J. I. Albin*. *Kanzel* von *B. Weber*. Hauptorgel (1713) mit 3 Werken und Pedaltürmen von *A. Oehringer*. *Chororgel* (1719) von *Joh. Ottmann*. *Johannes-Kapelle*. *Steinrelief Karls d. Gr*. (15. Jh.). Mehrere sehr gute *Wandaltäre*, *Grabdenkmäler* und *Epitaphien*. – In den ehem. *Klostergebäuden* das *Bischöfl. Priesterseminar* u. die *Philosph.-Theol. Hochschule*. – **7) Dommuseum/Schatzkammer** mit überaus wertvollen Exponaten. U. a. der *Ragyntrudis-Codex*, durchstochen von den Mördern des *hl. Bonifatius*. Der sog. *Bonifatiusstab*. Der *Silberne Altar*. Goldschmiedearbeiten, got. Plastiken, liturgische Geräte, barocke Paramente, Prunkornate, bedeutende Gemälde. – **8) Domdechanei** (1702–04) von *A. Peyer* in einer stillen Ecke des Barockviertels. – **9) Kanalstraße** mit dem **Hexenturm** der ehem. *Stadtmauer* und gut erhaltenen Fachwerkhäusern, u. a. Geburtshaus von *Ferdinand Braun*, Erfinder der *Braun'schen Röhre*. – **10) Severiberg** mit der **Severikirche**, einzige got. Kirche der Stadt, erb. 1438 als Marienkirche. – Platz „**Unterm Heilig Kreuz**" mit der **11) Kath. Stadtpfarrkirche St. Blasius** (1770–86), spätester Barockbau der Stadt. Deckenmalereien und Hauptgemälde um 1783. – **12) Altes Rathaus** (westl. Teile von 1500, östl. um 1531), außerordentlich bemerkenswerter Fachwerk- und roter Massivbau. – **13) Nonnengasse** mit der **Nonnenkirche** nebst *Benediktinerinnen-Abtei St. Maria* (1626–31), Elemente der Spätgotik, der Renaissance und des Frühbarock. – **14) Barocke Adelspalais** beim *Stadtschloss*, ein künstlerisch hochwertiges Ensemble herrschaftlicher Gebäude von *A. Gallasini*, ehem. Wohnungen der Hofbeamten. Dazu gehören die Palais *Buttlar, Buseck, Altenstein, von der Tann* und die *fürstäbtliche Hauptwache* (ähnlich der *Hauptwache* in *Frankfurt/Main*). – **15) Bonifatiusdenkmal** (1842) von *W. Henschel*, eines der Wahrzeichen *Fuldas*.

● **Weitere lohnende Besuchsziele** (Auswahl) – **Kloster Frauenberg**, Franziskanerkloster seit 1623. Kirche mit wertvoller Ausstattung. Herrlicher Rundblick. – **Propsteikirche St. Peter** (s. nächste Seite). – **Propsteikirche St. Andreas** (nach abgeschlossener Restaurierung Ende 1999). **Propsteikirche St. Johannes d. T.** im Stadtteil *Johannesberg*. – **Vonderau Museum**. *Kulturgeschichte* der Stadt. *Gemälde, Skulpturen, Naturkunde*, speziell der Region *Osthessen*. – **Planetarium**, ein „himmlisches" Besuchererlebnis. – **Hess. Landesbibliothek**, kostbare mittelalterl. Buchschätze. – **Deutsches Feuerwehrmuseum**, Geräte aus der Renaissance bis zur Gegenwart. - **Kinder-Akademie Fulda**, **Werkraum-Museum**, Erlebnismuseum zum Anfassen und Experimentieren – für Kinder und Familien. Ausstellung „Meilensteine der Kulturgeschichte" u. v. a. – **Museum Schloss Fasanerie**, Sommerresidenz der *Fuldaer Fürstäbte*. – (Empfehlenswert ist der günstige **Museumspass**). – **Orgelkonzerte**. – **Umweltzentrum Fulda**, Information zu allen Umweltfragen. – **Stadtführungen** (1 o. 2 Stdn). – **Auskunft** ℹ im *Stadtschloss.*

● **Aktive Freizeit** – **Wandern,** herrliche *Rhön-Wanderwege* in diesem Buch. – **Fahrradtouren,** Informationen im *Städt. Verkehrsbüro* ℹ. – **Kanutouren** im Rahmen einer Flusswanderung. – **Rhönbahn,** tägl. von *Fulda* nach *Gersfeld.* Bahnauskunft. – **Weinprobe** im *Weinberg Kloster Frauenberg,* von Mai bis Okt. an jedem 2. Samstag im Monat ab 12 Uhr.

Petersberg – Rundweg Rauschenberg

🔲 🔲 🔲 🔲 🔲 🔲 🔲 🔲

Weg und Zeit – 5½ km – 1½ Stdn.

Charakteristik – Von der einzigartigen *Propsteikirche St. Peter* geht es über einen hervorragenden *Kreuzweg* abw und hinüber zum *Naherholungsgebiet Rauschenberg.* Der Berg wird bestiegen *(AT)* und umrundet. Danach führt ein direkter Weg zurück nach *Petersberg.* Die Wanderung vermittelt eine intensive Begegnung mit Historie, Kunst, Religion und bietet herrliche Ausblicke.

Anfahrt – A 7, AS *Fulda-Nord* – B 27 – *Fulda/Berliner Str* – *Petersberger Str* östl., *Rabanus-Maurus-Str* li, *Friedenstr* halb re, *Langenburg.* – B 458, *Dipperzer Str* ger, *R.-Maurus-Str* re.

Parken – Gäste-Ⓟ *Gasthof Casino,* dicht unterhalb *St. Peter.*

● **Propsteikirche St. Peter** – **Grabeskirche der hl. Lioba** – Auf einem 400 m hohen Basaltkegel, umgeben von mächtigen Stützmauern und Terrassen mit großartigen Ausblicken (Panoramatafel) auf *Fulda, Rhön* mit *Wasserkuppe* und *Vogelsberg.* Erste Kirche Ende 8. Jh. Klostergründung und Kirchenneubau 1. Hälfte 9. Jh. durch *Abt Rabanus Maurus.* 838 lässt er die Reliquien der *hl. Lioba* in die *Krypta* überführen. Einschneidende bauliche Veränderungen im 12. und 15. Jh. Im 19. Jh. nach der Säkularisation wurde das Kloster abgerissen. Besonders sehenswert: *Krypta* mit den *ältesten deutschen Wandmalereien* (836–847), *Altarplatten* aus der gleichen Zeit, Steinsarg der *hl. Lioba* und Reliquien der Heiligen *Bonifatius, Sturmius* und *Lioba. Oberkirche* mit *8 Steinreliefs* (um 1170) von hoher kunsthist. Bedeutung, manieristisch bemalte *Kassettendecke,* Gemälde des *hl. Christophorus* (um 1480), *Hochaltar* (um 1730), wertvoller frühbarocker *Schnitzaltar,* u. v. a. m. *Grabdenkmäler* aus mehreren Kunstepochen.

● **Kath. Rabanus-Maurus-Kirche** – Neubau 1956/57 von *W. Reinhard* und *O. Rug* auf den Grundriss eines lateinischen Kreuzes. Besonders beachtenswert ist die starke Impression der großflächigen farbigen Fenster von *N. G. Hartmann.*

● **Gasthof Casino** – Traditionsreicher Gasthof, seit über 100 Jahren in Familienbesitz. Ruhige Lage mit traumhaftem Panorama-

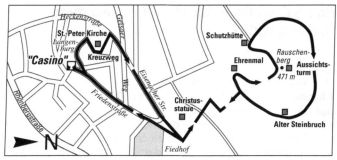

blick bis zur *Rhön*. Schöne Komfortzimmer. Gemütliche Gast-
räume. Wohltuende Atmosphäre. Weithin bekannte hervor-
ragende Küche. Von der herzhaften Brotzeit bis hin zu feinsten
Kreationen des Küchenmeisters. Kulinarischer Jahreskalender.
Spezialitäten „Aus dem Wok". Kinderteller. Seniorenportionen.
Für jeden Gaumen und jeden Geldbeutel etwas. – *Ru = Mi.*

● **Der Rundweg** – Vom *„Casino"* aufw zu **St. Peter.** Hinter der Kirche auf eindrucksvollem modernem *Kreuzweg* abw: Re neben der
obersten Station Treppe abw, Querweg 25 m li, Pfad scharf re, *MA*
Weg li. Aussicht zum *Rauschenberg.* Am Treppenfuß re, Linksbogen abw, Querstr/*Heckenstr* re, *[Grünes Dreieck]. Geisaer Weg*
re, *Eisenacher Str* halb li. Vorm *Friedhof* li. Weg aufw. Li die aus-
drucksstarke *Christusstatue.* Herrlicher Blick auf *St. Peter.* Aufw
zum *Naherholungsgebiet Rauschenberg.* Vor Ruhebank Waldrand
li. Nach 100 m Pfad re, *Gefallenen-Ehrenmal* (li), Pfad halb re weiter, dann ger (!) aufw. Z. T. über Stufen stramm hoch zum ehem.
Wachturm/Signalturm auf dem **Rauschenberg** (471 m). Aussicht
wegen der Bäume nur nach Osten. In Ankunftsrichtung li über
den Bergrücken zur *Schutzhütte.* 20 m re, im Linksbogen Pfad
halb re (!) abw, *[OM],* Querweg re. Waldrand. Panoramablick! So- *OM*
fort wieder Waldeintritt, immer parallel zum Waldrand (Ausblicke!) um den Berg herum zur o. a. Ruhebank. Mit *[Grünem MA
Dreieck]* zurück zum *Friedhof. Friedenstr [OM]* halb li zur wohl- *OM*
tuenden Einkehr im *Gasthof „Casino".*

Langenburg 1
36100 Petersberg
Telefon (06 61) 96 90 70
Telefax (06 61) 6 10 03

• ruhige Lage, direkt am Fuße der historischen Grabeskirche
• bekannt gute Küche – von der Brotzeit
  bis zum Schlemmermenü
• komfortable Gästezimmer mit herrlichem Blick über die Rhön

Herzlich willkommen!
Familie Nüchter

21

Bad Salzschlirf – Angersbach – Söderberg – Bad Salzschlirf

◻ 🔲 🖼

Weg und Zeit – 11 km – 2¾ Stdn.

Charateristik – Der herrliche Rundwanderweg führt aus *Bad Salzschlirf* durch das ruhige *Lautertal* mit großartigem Blick auf die *Ruine Wartenberg*. Auf dem Rückweg von *Angersbach* nach *Bad Salzschlirf* findet man nach einem mittleren Anstieg Ruhe und Erholung auf dem *Söderberg*. Der anschließende Weg zurück durch *Bad Salzschlirf* lässt interessante Einblicke in diesen Kurort zu.

Anfahrt – Von der A 7, Abfahrt *Fulda/Nord*, durch *Fulda* nach *Großenlüder*. Re über die L 3141 nach *Eichenau – Bad Salzschlirf*. – Bus- und Bahnverbindung über *Fulda* oder *Giesen/Lauterbach*.

Parken – Gr ℙ am *Altefeldbach*, Kreuzung *Brückenstr/Am Alten Berg* oder Gäste-ℙ am *Hotel-Restaurant Arnold* (s. S. 24).

● **Bad Salzschlirf – Angersbach** – 1¼ Stdn – Vom ℙ die Hauptstr überqueren, entlang dem Fußweg, Schild! An der Hauptstr angekommen re, unter der Eisenbahnbrücke durch. An der Straßengabelung halb li in den *Angersbacher Weg*. Geteerter Feldweg entlang der *Lauter*, *[Radweg R 2]*, Ri *Angersbach*. Nach ca. 1 km Waldeingang. 20 Min später am Waldausgang ger. (Re Möglichkeit zum Aufstieg zu einem AP, der eine großartige Aussicht über das *Lautertal* bietet.) Nach 5 Min schöner Panoramablick auf die *Ruine Wartenberg*.

MA

● **Angersbach – Söderberg – Bad Salzschlirf** – 1½ Stdn – In *Angersbach* li am Friedhof vorbei. An der Kreuzung li über die Bahngleise, der *Bahnhofstr* folgen. Nach 10 Min li *Landenhäuser Str* Ri *Fulda*. 300 m vor dem Ortsausgang von *Angersbach* li in den *Stangenweg* Ri *Bad Salzschlirf*. Der *Stangenweg* führt aus *Angersbach* hinaus. An großem grauem Firmengebäude li aufw auf Teerstr. 2 km später Wegegabelung, ger in den Grasweg, nach 200 m re, nach 150 m li Ri *Söderberg*. Am Waldeingang re, *[Weißes Rechteck]*, mittlerer Aufstieg. Auf dem *Söderberg* den hölzernen Wegweisern Ri *Bad Salzschlirf* folgen, auch *[Roter Punkt]*. Der Waldausgang eröffnet einen herrlichen Blick über *Landenhausen*.

MW

Nach 300 m am Waldrand entlang li in Waldwanderpfad, *[Liegende 8]*. Am Waldausgang re, mittleres Gefälle Ri *Bad Salzschlirf*, li entlang der *Bonifatius Str* zur *Ried Str*, hier li. An der *Hermann-Vollrath-Str* li, re am Solehallenbad vorbei. Gegenüber der Kurpromenade re am *Altefeldbach* entlang. Der Fußweg führt zurück zum Ausgangspunkt. Für eine Stärkung nach der Wanderung bietet sich das *Hotel/Restaurant Arnold* an (s. S. 24).

MW

● **Bad Salzschlirf** – Vom 11. Jh. bis 1798 lebte *Bad Salzschlirf* von der Salzgewinnung. Seit 1837 wird die Sole für medizinische Zwecke, für Trink- und Badekuren verwendet. Heute ist der Ort

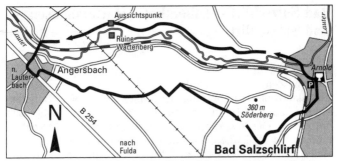

ein staatl. anerk. Heilbad. Ländliche Idylle und Kurortflair verbinden sich in *Bad Salzschlirf* mit Fachwerk und Jugendstil zu einer reizvollen Komposition für den Besucher. Die sanfte Mittelgebirgslandschaft zwischen den Höhen von *Rhön* und *Vogelsberg* lädt zum Wandern oder Spazieren ein. Sehenswertes: *Mariengrotte,* Nachbildung der *Grotte von Lourdes,* 1915 in einem ehem. Sandsteinbruch entstanden. – *Sonnenobservatorium.* – *Kurparkanlage* mit herrlichem altem Baumbestand und Taubenhäuschen. – *Freizeit-Erlebnisbad.* – *Sole-Hallenbad.* – *Moorbadehaus.*

Bad Salzschlirf – Zabershof – Hartershausen – Bad Salzschlirf

Weg und Zeit – 16 km – 4 Stdn.

Charakteristik – Ein Wanderweg fernab der großen Touristenströme lässt den Naturliebhaber das *Bad Salzschlirfer* Umland entdecken. Der Weg führt durch verträumte kleine Ortschaften entlang der idyllischen *Fischwiesen* zu einem schönen AP. Ein steil abfallender Wanderpfad führt durch Schrebergärten zum Ausgangsort zurück.

Anfahrt und Parken – Wie S. 22.

MA ● **Der Rundweg** – Vom *Hotel/Restaurant Arnold* aufw, *Rudolf-Möller-Str.* Nach 150 m re in die Str *An der Gern. Marienstr* li, am Friedhof vorbei, mit *[Schwarzem Dreieck]* li aufw. Oberhalb des Friedhofs ger. Nach 200 m li der Teerstr folgen. Nach 25 Min in den Wald. Der Waldweg trifft auf eine Teerstr, li aufw. Die Teerstr mündet in einen Schotterweg, ger. An der ersten Kreuzung re. Nach 1 km an Kreuzung li. An nächster Kreuzung dem Hauptweg folgen, halb re. Am Waldausgang ist re der **Zabershof** zu sehen. An der Kreuzung Ⓟ, hier li, Schotterweg Ri *Hartershausen*, mittleres Gefälle. Nach ca. 1½ km Waldausgang, Teerweg nach **Hartershausen**. In *Hartershausen* dem *Großenlüderer Weg* zur *Fuldaer Str* folgen, dann li Ri *Üllershausen*. Kurz vor *Üllershausen* li, Teerweg in die *Fischwiesen* (li Fischteiche). Am Waldeingang halb re, *[Braunes Eichenblatt]*. Nach 100 m Wegegabelung halb li. Mittlere Steigung, an einer steinernen Sitzgruppe vorbei. Nach scharfer Rechtskurve ger. An zweiter Wegegabelung li nach *Bad Salzschlirf*. Nächste Wegegabelung halb li. Am Waldausgang eröffnet sich ein herrlicher Blick über *Bad Salzschlirf*. An der Holzbank re, nach 50 m li, Wanderpfad steil abw nach **Bad Salzschlirf**. Mit Waldstr zurück zum

● **Hotel-Restaurant Arnold** – Ein gemütliches Restaurant im Zentrum von *Bad Salzschlirf* mit komfortablen Gästezimmern.

Wandern …
… und Einkehren in der Rhön

oben: *Die Silberdistel – ein Wahrzeichen der Rhön*
unten: *Frühlingslandschaft bei Ginolfs*

oben: *Orangerie mit Park in Fulda*

unten: *Fulda – Dom und Michaelskirche*

oben: *Mariengrotte in Bad Salzschlirf*
unten: *Unterwegs im Roten Moor*

Schmackhafte Speisen der klassischen und modernen Küche können mit edlen Getränken abgerundet werden. Empfehlenswerte Fischspezialitäten. Auch kleine Gerichte. Kinderteller. Ständig wechselnde Mittagskarte. Mittlere Preise. – *Ru = Mo.*

Hessenmühle – Zwickmühle – Herrgottseiche – Kleinheiligkreuz – Hessenmühle

Weg und Zeit – gut 11 km – 3 Stdn.

Charakteristik – Der Rundweg um das *NSG Himmelsberg* führt durch das waldreiche Naherholungsgebiet des *Gieseler Forstes.* Der Weg wird für jeden Naturliebhaber zu einem unvergesslichen Erlebnis.

Anfahrt – Von der A 7, Abfahrt *Fulda-Nord*, durch die Stadt *Fulda, Leipziger Str, Weimarer Str, Haimbach,* L 3139 über *Mittelrode, Oberrode, Kleinlüder.* Kurz vor *Kleinlüder* li.

Parken – Großer **P** vor dem *Landgasthof Hessenmühle.*

● **Der Rundweg** – Ausgangspunkt der Wanderung ist der *Landgasthof Hessenmühle.* Der Weg führt re an der *Hessenmühle* vorbei, *[Rote 8],* an der *Kalten Lüder* entlang. Nach 15 Min den Bach überqueren, nach 150 m Wegegabel, ger. Weiter zur **Zwickmühle.**

Dem Bachlauf folgen bis 30 m vor der Hauptstr, hier li schmaler Wanderpfad, der nach kurzem Aufstieg in einen Schotterweg mündet. Später 200 m direkt an der Hauptstr entlang. An der

OM
MA Kreuzung li, der Teerstr folgen, *Bildstock*. Zunächst *ohne Markierung*, später mit *[Roter 7]*. Li das *NSG Himmelsberg* tangieren, an der **Herrgottseiche** vorbei. An der nächsten Wegegabelung ger weiter auf Schotterweg. Leichter Anstieg zur *Steinernen Platte*. Dort wieder auf geteertem Weg. Abw zur Kreuzung, *Ww*

MW *[Kleinheiligkreuz]*. Hier li abbiegen und dem *Europäischen Fernwanderweg [E 3]* mit *[Blauem Kreuz]* folgen. Nach 1 km li an **Kleinheiligkreuz** vorbei. Auf geteertem Weg zurück zum

● **Landgasthof Hessenmühle** – Eine ehem. Kornmühle aus dem 16. Jh. in ruhiger Lage, umgebaut zu einem stilvollen Erlebnisgasthof mit gemütlichem Ambiente. Kaminzimmer, Mühlenstube und die herrliche Gartenterrasse laden zum genießen der köstlichen Spezialitäten ein. Abwechslungsreiche Karte vom Vesper bis zum Feinschmecker-Menü. Sehr schöne Komfortzimmer. Planwagenfahrten, Kegeln, Angeln etc. Mittl. Preise. – *Kein Ru.*

● **Kleinheiligkreuz** – Die Wallfahrtskapelle zum hl. Kreuz ist ein stattlicher Bau in toskanischem Barock aus den Jahren 1692–1696 von einem unbekannten Baumeister.

Rommerz – Scheuerplatz – Mariengrotte – Rommerz

⬡ ▨ ◣ ✳

Weg und Zeit – 11½ km – 3 Stdn.
Charakteristik – Ein sehr schöner Rundweg im Randbezirk des Naherholungsgebietes *Gieseler Forst*. Entlang der Felder und Wälder von *Rommerz* hat der Wanderer hin und wieder die Gelegenheit, das Panorama der *Hessischen Rhön* zu genießen.
Anfahrt – A 7, Abfahrt *Fulda/Süd*, über die B 40 nach *Neuhof*. In *Neuhof* nach *Rommerz*. – Busverbindung nach *Fulda*.
Parken – Großer Ⓟ vor dem *Landgasthof Imhof*.

OM ● **Der Rundweg** – Vom *Landgasthof Imhof ohne Markierung* mit *Fliedener Str* Ri *Flieden*. Nach 400 m li *Am Röhrig*, vorbei an

einem *Bildstock*. Nach ca. 1300 m führt der Weg nach re auf der Höhe entlang. Die Hauptstr überqueren, durch das Sägewerk. Ger entlang des geschotterten Forstweges, li Kneippbad und Trimmpfad. An der Kreuzung **Scheuerplatz**, *Bildstock*, re. Nach 150 m an Wegegabelung halb re. Nach 600 m Wegegabelung, halb re abw. Am Ende des Gefälles halb re. Den Bach *Kemmete* überqueren, am Sportplatz entlang zur Hauptstr. An der Hauptstr li, nach 100 m re am Forsthaus vorbei. Dahinter re. Panoramablick über die *Vordere Rhön*! Am Grillhäuschen li, dann re Schotterweg, der in Teerstr mündet, mit diesem nach *Rommerz*. Am Ortsrand von *Rommerz* li an **Mariengrotte** vorbei ger. Li ist der *Kaliberg* zu sehen. Auf der Hauptstr li 150 m Ri *Neuhof*. Dann re in Wiesenweg einmünden. Nach ca. 1½ km auf Teerweg re. Am Friedhof vorbei, entlang der *Mühlenstr* zurück zum *Landgasthof Imhof*.

● **Landgasthof Imhof** – Gemütliches Landgasthaus mit rustikaler Gaststube und ruhig gelegener Terrasse. Vorzügliche Küche mit gutbürgerlichen Gerichten, internationalen Feinschmeckermenüs, leckeren Fischkreationen, vegetarischen Speisen. Auch Vesper, Seniorenmenüs, Kinderteller. – *Ru = Di.*

● **Weitere Wanderwege** – Durch das *Kemmetetal* nach *Hauswurz*, durch *Gieseler Forst* zurück. – Rund um den *Kaliberg*. – *Rommerz – Flieden-Weinberg – Rommerz*. – *Rommerz* ist auch als Ausgangspunkt für Touren durch *Spessart* und *Vogelsberg* geeignet.

Der Rhönklub und seine Wanderwege

„Mitten drin im deutschen Garten liegt verträumt die schöne *Rhön;* reich an Kuppen, reich an Mooren, einsam still und weltverloren, herb und rauh und dennoch schön."

So besingt der Dichter diese Mittelgebirgslandschaft, deren Schönheit sich besonders dem Wanderer erschließt. Auf Wanderungen durch die *Rhön* schöpft man neue Kraft und findet wieder zu sich selbst. Die Bewegung in der freien Natur ist ein idealer Ausgleich zur Hektik unseres Alltags und den negativen Auswirkungen von Technik und Zivilisation. Deshalb gilt es, diese Natur als Lebensraum und Lebensgrundlage zu erhalten und zu schützen.

Eine bedeutende Aufgabe fällt dabei dem *Rhönklub* zu. Er ist als großer deutscher Wanderverein seit über 120 Jahren ein Zusammenschluss von Menschen, die zumindest zwei Neigungen gemeinsam haben: die Liebe zur Natur und die Freude am Wandern. Der *Rhönklub* will Naturverbundenheit und Wanderlust zu jeder Jahreszeit fördern und vor allem auch bei der Jugend wecken und ihr die Freude vermitteln, die im Erleben einer schönen Landschaft liegt.

Der *Rhönklub* ist aber noch mehr als nur ein Wanderverein. Denn nur durch Schutz und Pflege können Natur und Landschaft und das unverwechselbare Bild der *Rhön* erhalten werden. Seine vordringliche Aufgabe ist es daher, in breiten Kreisen der Öffentlichkeit das Bewusstsein für Natur und Landschaft zu wecken und zu vertiefen. Dem drohenden Verfall und Verlust der Kunst-, Kultur- und Naturdenkmäler stellt sich der *Rhönklub* entgegen. Er setzt alles daran, die Zeugnisse jahrhundertealter Kultur wie alte Wehranlagen, Kirchen, Kapellen, Bildstöcke sowie kunsthistorisch wertvolle Bürger- und Bauernhäuser zu erhalten und die Städte und Dörfer der *Rhön* zu verschönern. Der *Rhönklub* widmet sich außerdem der Pflege des *Rhöner Brauchtums* und der *Rhöner Volksmusik.*

Fast 5000 km vom *Rhönklub* markierte Wanderwege führen durch die *Rhön.* Unter ständigem Einsatz ehrenamtlich tätiger Wegewarte und mit erheblichem Kostenaufwand sorgt der *Rhönklub* dafür, dass die Markierungen dieser Wege in Stand gehalten werden. Die zahlreichen Schutzhütten und Unterkunftshäuser des *Rhönklubs* stehen nicht nur Mitgliedern, sondern allen Wanderern zur Verfügung.

Daneben bietet das reichhaltige Wander- und Veranstaltungsprogramm in den 91 Zweigvereinen viele Möglichkeiten zur Erholung, Entspannung und Geselligkeit. Landschaft, Geschichte, Brauchtum, Mundart, Volksmusik und -tanz sowie Volkskunst sind bestimmende Faktoren seiner Veranstaltungen.

Der *Rhönklub* hat ein dichtes Wegenetz geschaffen, das dem Wanderer die Möglichkeit bietet, von allen Seiten das Mittelgebirge zu überqueren und im Zentrum auf markierten Wegen seine Route weitgehend individuell zu gestalten. Die Fernwanderwege sind nachfolgend kurz beschrieben. Nähere Informationen darüber und über die Nebenwanderwege bekommt man u. a. aus *Schneiders Rhönführer*, dem offiziellen Führer des *Rhönklubs*. Gute Wanderkarten sind jedoch bei allen Wanderungen unerlässlich!

Fernwanderwege von Süden nach Norden:

- **Rhön-Höhen-Weg,** *[RHW, Roter offener Tropfen]*, von *Burgsinn* nach *Bad Salzungen* – 137 km (s. S. 126)
- **Main-Werra-Weg** oder **Hauptwanderweg Süd-Nord,** *[HSN, Roter Winkel]*, von *Gemünden/Main* zur *Werra,* für den ab *Tann* zwei Routen angeboten werden: **Westroute:** *Gemünden/M. – Tann – Philippsthal/W.* – 176 km; **Ostroute:** *Gemünden/M. – Tann – Vacha/W.* – 168 km.

Fernwanderwege von Westen nach Osten:

- **Hauptwanderwege West-Ost** *[HWO, Rotes Dreieck]:*
  HWO 1 von *Haunetal/Neukirchen* nach *Wernshausen* – 67 km.
  HWO 2 von *Schlitz* nach *Wasungen* – 96 km.
  HWO 3 von *Fulda* nach *Meiningen* – 82 km.
  HWO 4 von *Giesel* nach *Ritschenhausen* – 89 km.
  HWO 5 von *Neuhof* nach *Ostheim* – 60 km.
  HWO 6 von *Schlüchtern* nach *Mellrichstadt* – 83 km.
  HWO 7 von *Sterbfritz* nach *Bad Königshofen* – 96 km.
- **Ortesweg,** *[Rotes Dreieck mit gefüllter Spitze]*, *Kleinheiligkreuz – Bad Neustadt/S.* – 82 km.
- **Rhön-Rennsteig-Weg** bzw. **RR-Weg,** *[RR blau]*, von der *Wasserkuppe* nach *Oberhof* – 89 km.

Fernwanderwege von Norden nach Süden:

- **Geisweg,** *[Rotes offenes Dreieck]*, *Geisa – Milseburg* – 24 km
- **Abtsweg,** *[Roter voller Tropfen]*, *Fulda – Hammelburg* – 86 km
- **Rhönwanderweg,** *[Roter Strich]*, von *Bad Salzungen* nach *Meiningen* 74 km,
- **EH-Weg,** *[EH grün]*, von *Eisenach* zum *Eisenacher Haus* (Ellenbogen) – 88 km.
- **Rhön-Paulus-Weg,** *[Grünes Dreieck mit gefüllter Spitze]*, von *Weilar – Tann – Kaltennordheim* nach *Dermbach* – 84 km.

Nähere Auskünfte erteilt die
Hauptgeschäftsstelle des Rhönklubs e.V.,
Peterstor 7, 36037 Fulda,
Tel.: 0661/73488, Fax 0661/79794.

Schmalnau – Oberrod – Ruine Ebersburg – Schmalnau

▨ ⌂ ▨ ⑂ ⋔ ❊ ❊ 🏛 ⚘

Weg und Zeit – 16 km – 4 Stdn.

Charakteristik – Eine eindrucksvolle Wanderung durch ein Gebiet, das an das Alpenvorland erinnert. Mit großartigen Ausblicken auf die *hessische Rhön* mit den herausragenden Bergen *Milseburg* und *Wasserkuppe* sowie auf den *Vogelsberg,* den *Spessart* und das Stadtgebiet von *Fulda.* Der Rückweg von der *Ruine Ebersburg* nach *Schmalnau* ist geprägt durch abwechslungsreiche Bachläufe und Wiesenlandschaften.

Anfahrt – A 7 *Fulda – Würzburg,* Abfahrt *Fulda-Süd,* Ri *Bad Neustadt* bis *Schmalnau.* – Mit der Bahn über *Fulda* bis Bahnhof *Schmalnau* (Rhönbahn). Busverbindungen zu allen Ortsteilen.

Parken – Beim *Café-Bistro Max & Moritz* und entlang der Hauptstr.

● **Ebersburg** – (350–690 m) Großgemeinde in der Dreitälerlandschaft der *Fulda, Lütter* und des *Thalaubaches.* Ortsteile: *Ebersberg, Ried, Schmalnau, Thalau* und *Weyhers* (insgesamt 4630 Einwohner). 10 km südlich der *Wasserkuppe.* Großartiger Rundblick von der *Burgruine Ebersburg.* Rund um *Ebersburg* gibt es 250 km gekennzeichnete Wanderwege.

● **Der Rundweg** – Vom *Café-Bistro Max & Moritz* Ri B 279 gehen. Diese bei der Fußgänger-Ampel überqueren, auf der *Brückenstr* in Ri Bahnübergang weiter. An der *Bahnhofstr* zunächst kurz nach li abbiegen, dann an der Tankstelle vorbei und dem *Ww [Ebersburg]* auf dem Fuß- u. Radweg ger aufw folgen. Nächste Querstr re abbiegen, an nächster Kreuzung li aufw, nächste Querstr re, ab hier Schotterweg. Am Ortsende Beginn der Wege-
MA markierungen *[Offenes Gelbes Dreieck], [Gelbes Doppeldreieck].* (Diese Markierung verläuft über ca. 6 km bis unterhalb der Burgruine). Ger in den Wald, auf Waldpfad immer leicht aufw. Am Waldende ger, in leichtem Rechtsbogen auf Teerstr aufw gehen. An nächster Abzweigung re, auf Schotterweg re an Häusergruppe vorbei, dann auf Teerstr ger. An nächster Gabel li, nach 20 m wieder li. In Ortsmitte **Oberrod** am *Ww* re abbiegen in Ri **Ebersburg** (2 km). Re weiter, an gr Metall-Strommast li (!) vorbei bis zur nächsten Querstr (geteerte Landstr). – Ab hier Aufstiegsmöglichkeit zur **Burgruine.** Re aufw bis Wander-Ⓟ *Ebersburg* und weiter aufw zur Burg. – Landstr schräg nach li überqueren und in den
MW Wald. Beginn der Markierung *[Volles Rotes Dreieck].* Auf Waldpfad immer abw. An nächster Querstr ger, in Ri *Giebelrain* abw. Unterhalb Bauernhof nächste Teer-Querstr li, *Ww [Röderhaid].* An nächster Gabel ger, an der Landstr re, nach 50 m li auf Feldweg abbiegen, *Ww [Lütter/Kerzell].* Im nächsten Weiler über Kreuzung ger weiter. Betontreppe abw und ger. Nach ca. 200 m (!)

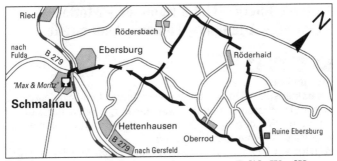

nächste Querstr li abbiegen Ri *Rödersbach, Z [4], Ww [Hetten-* MW
hausen] folgen. Nach 2. *Ww [Hettenhausen]* im Wald ca. 10 Min
aufw, nach 50 m re in den Wald abbiegen Ri *Schmalnau,* mit Markierung *[Gelbe Dreiecke]* nach *Schmalnau* zum   MW
● **Café-Bistro Max & Moritz** – Zentral gelegen. Heller, moderner
Gastraum, gemütliche Atmosphäre mit Max & Moritz-Flair. Terrasse. Vielseitige Küche, Salate, Grillplatten, Pizza. Deutsche,
griechische und italienische Spezialitäten, täglich frischer Kuchen. Bier vom Fass, offene Weine. Mittlere Preislage. – *ÖZ:
Mo–Fr 18–1 Uhr, Sa, So 14–1 Uhr. Ru = Mi.*

Unterstellberg – Hohe Kammer – Motten – Abtsweg – Altenhof – Thalau – Unterstellberg

⬛ ⌂ ▨ ⬔ ▣

Weg und Zeit – 15 km – 3½ Stdn.

Charakteristik – Durch ständig wechselnde Landschaftsformen wie stille Wiesentäler und bewaldete Bergkuppen führt dieser bequeme Wanderweg im *Naturpark Rhön* durch ein stilles und erholsames Gebiet der *Vorderrhön*.

Anfahrt – A 7 *Fulda* – *Würzburg*, Abfahrt *Fulda-Süd*, Ri *Bad Neustadt* bis *Thalau*, re nach *Unterstellberg*. – Mit der Bahn über *Fulda* bis Bahnhof *Ried* oder *Schmalnau* (Rhönbahn) – Busverbindungen zu allen Ortsteilen.

Parken – Gäste-Ⓟ vor dem *Gasthaus Kleinhenz*.

● **Thalau** – (350–570 m) OT von *Ebersburg*. Staatlich anerkannter Erholungsort, abseits vom Alltagslärm und trotzdem günstige Verkehrsanbindung. Ausgangspunkt schöner Wanderungen. Um den Ort 160 km IVV-Rundwanderwege. Nahe der Barockstadt *Fulda*.

● **Unterstellberg – Hohe Kammer – Motten** – 2 Stdn – Vom *Gasthaus Kleinhenz* Ri *Oberstellberg*, ca. 2 km Teerstr. Am Ortsbeginn an erster Kreuzung re abbiegen. Markierung *[Gelber Tropfen]* führt bis nach *Motten*. An nächster Gabel re, nach 10 m an Gabel li aufw. Am Waldbeginn li abbiegen. An nächster Gabel re in den Wald. Auf Waldweg aufw, 3 Schotterstr queren. Beim Schild *[Häuschenschlag]* li an *Auerhahnbuche* vorbei weiter aufw. Re vorbei am *Jagdhaus Hohe Kammer* (erbaut 1775 vom Fuldaer Fürstbischof *Heinrich von Bibra*. König *Ludwig I.* weilte 1840 gerne zur Auerhahnjagd hier). Ca. 30 m nach dem Jagdhaus re abbiegen, auf befestigtem Waldweg ger weiter, ab hier auch *[Gelbe 3]*. An der nächsten Kreuzung im Wald ger weiter. Re erscheint *Ww [Motten 2 km]* und etwas weiter li *Z [3]*. Immer ger abw gehen. An der Forsttafel *[Bärenhäuschen]* re abw wandern und nach ca. 150 m an der nächsten Gabel (!) im spitzen Winkel li abbiegen. An der nächsten Querstr li abbiegen. Am nächsten Querweg re abw gehen. Li an einem Baum ist der *Ww [Motten]* angebracht. Weiter bis zum Ortseingang von *Motten*.

● **Motten – Abtsweg – Altenhof – Thalau – Unterstellberg** – 1½ Stdn – Am Ortsbeginn von *Motten* bei den ersten Häusern an erster Kreuzung ger abw. An der re Seite befindet sich ein Kinderspielplatz. An diesem vorbei abw gehen bis zur B 27. Li abbiegen und in Richtung Ortsmitte bzw. Kirche weitergehen. Über den Straßenabzweig weiter hinausgehen und bei der Gemeindeverwaltung von *Motten* re abw in den *Auweg* abbiegen. Hier beginnt der *Abtsweg, [Voller Roter Tropfen]*. Re an Kläranlage u. Rindenmulch-Betrieb vorbei. Am Waldbeginn li abw, nach 100 m re abbiegen und auf geteertem Wirtschaftsweg ca. 1½ km immer ger

MA

MW

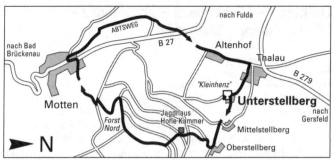

weiter. Beim Abzweig der Landstr nach *Thalau* B 27 überqueren, weiter auf Landstr bis *Altenhof.* Durch den Weiler durch und weiter auf der Landstr ca. 2 km bis nach *Thalau.* Am Ortsanfang re in Ri *Stellberg* abbiegen und noch ca. 1 km bis zum

● **Gasthaus Kleinhenz** – Traditionsreiches Gasthaus in ruhiger Ortsrandlage. Neuerbaute, komfortable Ferienwohnungen für Urlaub auf dem Bauernhof. Kinder willkommen (Spielplatz). Urgemütliche Gasträume mit Gartenterrasse. Grillmöglichkeiten für Gäste. Hausmacher Wurst und Schinken aus eigener Schlachtung. Bier vom Fass, offene Weine. Günstige Preise. – *Ru = Mi.*

Dalherda – Gichenbach – Frauenholz – Oberstellberg – Dalherda

◤ ⌂ ⌂ ▨ ⊞

Weg und Zeit – 12 km – 3½ Stdn.

Charakteristik – Schöner Rundwanderweg um *Dalherda* und an der Grenze zur *bayerischen Rhön*. Weg mit mäßigen, teilweise mittleren Steigungen und entsprechendem Gefälle, teilweise durch Laub bzw. Nadelwald mit schönen Ausblicken auf die Rhönlandschaft und durch idyllisch gelegene, beschauliche kl Rhöndörfer.

Anfahrt – A 7, Ausfahrt *Fulda-Süd* bzw. *Bad Brückenau-Volkers.* Von der B 27 *Fulda–Bad Brückenau* bei *Döllbach* abbiegen auf die B 279 in Richtung *Gersfeld*, bei *Schmalnau* re ab auf die Landstr nach *Dalherda*. – Bahn bis *Gersfeld*, weiter mit Linienbus.

Parken – Beim *Gasthaus Dammersfelder Hof.*

● **Dalherda – Langenroth – Frauenholz** – 1¾ Stdn – Vom *Gasthaus Dammersfelder Hof* die *G.-A.-Zinn-Str* entlang (200 m) bis zur *Gichenbacher Str,* dort re abbiegen, *Ww [Radweg Ebersburg – Schmalnau],* durch den Ort leicht ansteigend, an der Kirche vorbei. Am Ortsausgang schöner Ausblick auf die Rhönlandschaft. Die weiterführende Teerstr am Waldrand geht bald in einen Schotterweg über und fällt dann zum Tal des *Gichenbaches* hin ständig stark ab. Nach etwa 3 km am Ortseingang *Gichenbach* MA nach li abbiegen, *Z [Radwanderweg],* schöner Blick ins Tal des *Gichenbaches.* Im Ort nach li abbiegen, *Ww [Radweg Ebersburg– Schmalnau],* geteerte schmale Str führt durch den Wald zum Ortsteil *Untergichenbach* (Ortsteil-Eingangsschild), *NSG.* Am *Hof Langenroth* vorbei, dem Radweg im Bogen nach li aufw folgen (erneut Ortsteilschild). Die kaum von Autos befahrene einspurige Asphaltstr führt in Kurven leicht ansteigend auf die Landstr *Schmalnau-Dalherda* zu (dort Bushaltestelle, Abzw. *Stellberg),* dabei schöne Ausblicke auf Dörfer und Täler. Über die Landstr hinweg nach *Frauenholz, Ww [Frauenholz 1 km],* stärker ansteigend in den Ort hinein.

● **Frauenholz – Oberstellberg – Dalherda** – 1¾ Stdn – Am Ortseingang bei altem Ziehbrunnen Rastplatz mit Tischen und Bänken, z. T. überdacht. Am Ende des Ortes (Bushaltestelle) im Bogen nach re der Hauptstr folgen, dann nach li, *Ww [Mittelstellberg* MW *1 km],* schöner Ausblick. Auf dem *Hessenwanderweg, Z [H 3],* etwa 200 m nach li zum Ort *Oberstellberg.* Durch den Ort kräftig ansteigender Weg bis zur Kreuzung mit einer Str *Dalherda–Thalau.* OM Hier den *[H 3]* verlassen und nach li auf geteerter Str aufw auf den Wald zu. Der teilweise als Rundwanderweg gekennzeichnete Forstweg ist bald geschottert und steigt streckenweise kräftig an. Trotz gelegentlichen abfallenden Abschnitten insgesamt nen-

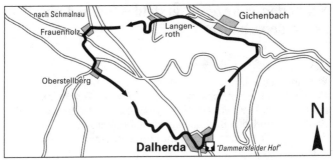

nenswerter Höhengewinn. An Gabelung re halten und nach 30 m wieder re, diese Str ist nach 100 m wieder geteert und re werden erste Häuser sichtbar. An nächster Gabel li abbiegen, über eine Brücke in den Ort *Dalherda*, schöner Ausblick. Die Str führt im Bogen nach re zum Ausgangspunkt und zur Einkehr im

● **Gasthaus Dammersfelder Hof** – Seit vier Generationen im Familienbesitz, in ruhiger Lage. Bietet gutbürgerliche Küche in behaglichen, rustikalen Gasträumen mit wohltuender, familiärer Atmosphäre. Auf der Speisekarte stehen neben Wild und Geflügel vor allem Hausgemachtes, z. B. Suppen, Schnitzelvariationen. Fleisch und Wurstspezialitäten teils vom Bio-Bauernhof. Gr Auswahl an Bier vom Fass. Gutes Preis-Leistungs-Verhältnis. – *Ru = Di.*

● **Weitere Wanderwege**

1) Von *Dalherda* den Rad- und Wanderweg *[D]* (*Ww*) von der Hauptstr nach li abzweigend nehmen und am Schwimmbad vorbei nach *Motten*, dort zur *Großen Haube* (658 m, AT) und zurück (10 km).

2) Von *Dalherda* nach *Gichenbach*, über Wander-Ⓟ *Scheltersgraben* auf *Fuldatal-Weg* Ri *Altenfeld*. Durchs Tal der *Fulda*, über *Unterlahngraben* nach *Gichenbach* und auf bekanntem Weg zurück nach *Dalherda* (15 km)

Gasthaus
Dammersfelder Hof

Aus einem Rhönführer von 1910:

»Schöner, billiger Landaufenthalt.
Gute Verpflegung.«

…und das gilt auch heute noch!

Georg-August-Zinn-Straße 26
36129 Gersfeld-Dalherda
Telefon (0 66 56) 85 08

Herzlich willkommen!
Familie Klüh

Schwedenschanze – Gersfeld – Schwedenwall – Schwedenschanze

▨ ⌂ ⌂ ▨ Ⓚ ✳ ⌂

Weg und Zeit – 13 km – gut 3 Stdn.

Charakteristik – Zunächst bequemer Weg am *Sparbroder Wasser* entlang nach *Gersfeld*. Beim Ⓟ *Schwedenwall* machen grandiose Ausblicke und die Begegnung mit Überbleibseln aus der Zeit der „Alten Schweden" die Wanderung zu einem beeindruckenden Erlebnis.

Anfahrt – Bis *Gersfeld* wie S. 42. Dann weiter Ri *Bischofsheim*, zwischen *Gersfeld* und *Oberweißenbrunn* li direkt an der B 279.

Parken – Großer Ⓟ am *Berggasthof Schwedenschanze*.

● **Schwedenschanze – Gersfeld** – 1 Std – An der Wandertafel am Parkplatz führt der Weg in den Wald. Nach einigen Metern an der Gabelung mit *[2]* li. Am nächsten Abzweig auf Trampelpfad mit *[Rotem Winkel]* li zur Bundesstr hinunter (!). Diese überqueren und nach 10 m re abw, *[Roter Winkel]*, Ww *[Gersfeld]*. Nun stets abw gut markiert am Waldrand entlang. Unten am *Kalbenhof* auf kl Sträßchen re. Durch die Ansiedlung *Töpfen*, vorbei an der *Töpfenmühle* und entlang dem Bächlein *Sparbroder Wasser*. Am Ortsende von *Sparbrod* mit Ww *[Gersfeld]* Str verlassen. Hübscher Wiesensaumpfad, dann *Eichenallee* nach *Gersfeld*.

MA
MW

● **Gersfeld – Wander-Ⓟ Schwedenwall** – gut 1 Std – In *Gersfeld Bahnhofstr* re zur Kreuzung. Diese überqueren. *Wasserkuppenstr* Ri *Rathaus/Kurverwaltung*. An der nächsten Ampel re mit *[Blauem Winkel]*. *Hochstr* ger Ri *Mosbach*. Am Brunnen der Markierung re aufw folgen. Auf halber Höhe re, *[Blauer Winkel, Erwin-Volze-Rundweg]*. Nach leichtem Aufstieg herrlicher Halbhöhenweg mit offenem Blick (re der *Simmelberg*, 843 m). Nach kurzem steilem Aufstieg über die Wiese oben re (!). Leicht aufw in den Wald, am Gatter des Hochwildparks entlang (vgl. auch S. 42). Im Wald mit Markierung kurz steil hinauf. Oben re Wiesenweg ger bis zum Asphaltweg. Diesen li aufw zur Landstr. Hier re, an der Gabelung li, vorbei am Wbh. Schöner Fernblick, linkerhand die *Wasserkuppe*. Weiter bis zur Vorfahrtsstr. Diese ger. Nach ca. 100 m auf Radweg ger. Am Gehöft vorbei das Sträßchen ständig bergauf bis zum Wander-Ⓟ.

MW

● **Wander-Ⓟ Schwedenwall – Schwedenschanze** – 1 Std – Am Ⓟ re mit *[Blauem Dreieck, Liegendem Tropfen]* beginnt der Weg durch kulturgeschichtlich interessanten Grenzraum zwischen *Hessen* und *Bayern* leicht aufw zur *Hohen Hölle* (894 m). Vor dem Abzweig mit *[1]* li in den Wald und steil aufw. Im Wald li die beiden historischen Grenzsteine aus dem Jahre 1872. Mit kurzem Abstecher zur Liftstation erreicht man einen Erdwall, den *Schwedenwall* (Reste einer alten Wehranlage aus der Zeit der Schwedenbelagerung, 1631–1643). Den Weg wieder zurück

MW
MW

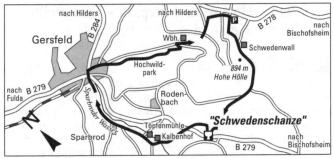

und weiter bergauf. Oben wird die Mühe des Aufstiegs durch einen herrlichen Blick auf die Rhönlandschaft belohnt. „Das Land der offenen Fernen", wie die *Rhön* auch genannt wird, liegt dem Betrachter zu Füßen. Phantastisch! Ger folgt noch ein letzter kl Anstieg und wiederum ein zauberhafter Fernblick. Dann weiter über die Wiese, re am Waldrand entlang in eine Talsenke zwischen *Hohe Hölle* und *Himmeldunkberg*. Am Wegkreuz ger, *[Blaues Dreieck]*, Ri *Gersfeld*. Am nächsten Kreuz mit *MW* *[3]* ger wiederum an einen alten Grenzsteinen vorbei. Abw, zunächst *MW* über eine Wiese, dann in den Wald. Am Querweg re mit *[Blauem Winkel]*. Abw li an der *Brend-Quelle* über ein Brückchen. *MW* Nach der kl Treppe den Querweg li mit *[Blauem Dreieck]* zur Einkehr in den *MW*

● **Berggasthof Schwedenschanze** – Gegenüber dem *Sechsarmigen Stern* gelegen (durch Wall und Graben gesicherte Schanze, deren Bedeutung im 30-jährigen Krieg im Gasthof nachzulesen ist). Ansprechende Gasträume, gr Terrasse. In gemütlicher Atmosphäre werden Tagesgerichte mit schwedischen Spezialitäten, aber auch leckere Eintöpfe aus Mutters Suppentopf und Rhönforelle sowie kalte Gerichte angeboten. Dazu Fassbier, Mosel-, Franken- und Rheinwein, Rhöner Fruchtweine (auch zum Mitnehmen). Günstige Preise. – *Ru = Mo.*

Berggasthof Schwedenschanze
36129 Gersfeld
Telefon (0 66 54) 2 28
Fax (0 66 54) 2 27

Berggasthof Schwedenschanze

• Schwedische Spezialitäten
• Rhönforelle
• Eintöpfe

Gersfeld – Hochwildschutzpark – Dammelhof – Mosbach – Gersfeld

⬛ 🔲 🔲 🏛 🏘 🏚

Weg und Zeit – 9 km – 2¼ Stdn reine Gehzeit.

Charakteristik – *Gersfeld* ist Ausgangspunkt für viele Ausflugsziele und Wanderungen in der *Rhön*. Vorbei an weidenden Kühen und Schafen geht es zum *Hochwildschutzpark*, der idyllisch am Waldrand liegt. Von dort im großen Bogen durch ursprünglichen Mischwald, wobei den Waldweg immer wieder romantische Bachläufe kreuzen, und zurück nach *Gersfeld*. Festes, wasserdichtes Schuhwerk ist empfehlenswert.

Anfahrt – A 7, Ausfahrt *Fulda-Süd* bzw. *Bad Brückenau / Volkers*, dann B 27 bis *Döllbach*, auf B 279 bis *Gersfeld*. – B 19 *Schweinfurt-Eisenach* bis *Bad Neustadt*, dann B 279 über *Bischofsheim* bis *Gersfeld*. – Von Norden auch B 278 bis *Ehrenberg*, dann B 284 bis *Gersfeld*. – Bahn: Vom *Hbf Fulda* stündlich mit der *Rhönbahn* nach *Gersfeld*.

Parken – Gäste-🅿 am *Hotel „Zur Krone Post"* oder kostenlose 🅿 an der *Stadthalle Gersfeld*.

● **Gersfeld** (500–700 m) – Der Ort im *Naturpark Hessische Rhön* liegt eingebettet in eine abwechslungsreiche Landschaft mit Wiesen, Feldern, Moorlandschaft und zahlreichen Erhebungen aus Basalt und Gneis. 944 erstmals urkundl. erwähnt, 1359 Stadt- und Marktrechte. Die *Herrschaft Gersfeld* war lange Zeit im Besitz der *Herren von Ebersberg*. Unter ihnen wurde 1740 das *Gersfelder Barockschloss* erbaut, das zu den schönsten Schlössern *Hessens* zählt. 1780–85 Bau der *Barockkirche*, deren Orgel aus der Barockzeit weithin bekannt ist. 1876 wurde in *Gersfeld* der *Rhönklub* gegründet. Seit 1956 Luftkurort, seit 1958 anerkannter Kneipp-Kurort und seit 1987 Kneippheilbad mit entsprechenden Kureinrichtungen. 1971/72 Eingemeindung der Gemeinden *Altenfeld, Dalherda, Gichenbach, Hettenhausen, Maiersbach, Mosbach, Obernhausen, Rengersfeld, Rodenbach, Rommers, Sandberg* und *Schachen*. – Sehenswert: *Altes* und *Neues Schloss* (Barockschloss) und die wunderschöne *Stadthalle* sind im weitläufigen, am Hang liegenden *Schlosspark* zu finden. – Stimmungsvoller *Marktplatz* mit schönen Fachwerkhäusern und altem Brunnen. – *Gersfelder Bauernmarkt*, der jeden 3. Sonntag im Monat in der *Rhönmarkthalle* stattfindet. – Beheiztes *Freibad* (50-m-Becken). – Im Winter über 60 km gespurte Loipen sowie Skipisten, teilweise mit Lift und Flutlicht.

● **Gersfeld – Wildpark** – gut ¼ Std – Vom *Hotel „Zur Krone Post"* über *Amelungstr* zur *Wasserkuppenstr*. Diese überqueren und weiter auf *Amelungstr*. An der Gabelung nach re in *Kippelbachstr* Ri *Hochwildschutzpark*, kreuzende Str überqueren und weiter auf *Kippelbachstr* Ri *Rhönschule / Minigolfplatz*. An nächster Gabe-

lung li Str *Am Dammel*. An P und *Rhönschule* vorbei bis *Minigolf-platz*. Ca. 200 m oberhalb von Golfplatz li auf Fußgängerweg. Am Bach entlang, ger bis zum *Hochwildschutzpark*.

● **Hochwildschutzpark** (600 m) – Das 500 000 m² große Freigehege liegt malerisch rundum von Wäldern gesäumt im *Ehrengrund*. Der sehr einfühlsam in die umgebende Landschaft integrierte Schutzpark gehört zu den schönsten Wildparks Europas. Hier können ca. 150 Tiere, vorwiegend einheimisches Wild, in ihrer natürlichen Umgebung beobachtet werden. Rot-, Schwarz- und Damwild sowie Waschbären, Steinböcke, Wildschweine und zahlreiche Vogelarten finden hier einen naturbelassenen Lebens-

. sich kaum von der freien Wildbahn unterscheidet und
..n sie trotzdem gut beobachtet werden können. Das Herz-
.uck des Parks bildet der 6000 m^2 große Ententeich. Hier tum-
meln sich zahlreiche Wildvögel, Enten und Gänse. Die Wege
sind gut begehbar, auch mit Kinderwagen. Die Wegführung ist
einfach und übersichtlich gestaltet: Die große Runde dauert ca.
40 Min, die kleine ca. 20 Min (reine Gehzeit). Spielplatz, Streichelzoo. Für die Verpflegung sorgen ein Kiosk und eine Gastwirtschaft. – *ÖZ: Tägl. 9.00–18.00 Uhr, im Winter 10–18 Uhr.* Weitere Auskünfte bei: Wildpark Gersfeld, Tel. 06654/680 oder bei
der Kurverwaltung Gersfeld.

● **Hochwildschutzpark – Gersfeld** – knapp 1½ Stdn – Am Hinter-
ausgang des Wildparks re Ri Berghütte. Str kreuzt, re weiter.
Nach ca. 600 m *Berghütte „Simmelsberg".* Hinter dem Spielplatz
li, Markierung *[Blauer 2]* folgen. Nach 20 Min scharfe Linkskehre, immer Markierung folgen. Nach 10 Min wieder scharfe
Linkskehre. Nach weiteren 10 Min führt der Weg aus dem Wald

MA auf eine Lichtung. Weg folgen, nach ca. 10 Min kreuzt schmale
Str, nach li weitergehen und am Wasserwerk vorbei nach *Mos-
bach*. An Weggabelung mit Ortsschild *Mosbach* nach li, auf
[Radweg] ger nach *Gersfeld*. Hochstr abw bis *Wasserkuppenstr*,
diese überqueren und ger zurück zum Ausgangspunkt *Hotel
„Zur Krone Post".*

● **Hotel–Restaurant „Zur Krone Post"** – Der älteste Gasthof Gers-
felds liegt direkt am Marktplatz. Behagliche Gästezimmer im
Landhausstil. Terrasse. Auf der Speisekarte findet man neben
Schnitzel- und Steakvariationen auch Hausspezialitäten wie
Grillpfanne und Rhöner Bauernschmaus. Auch Fisch, Geflügel,
Wild und Gerichte für den kleinen Hunger. Wechselnde Tages-
karte. Kinderteller. – Alle Preislagen. – *Ru = Di.*

● **Wegerweiterung** – Vom *Wildpark* über *Schwedenwall* und
zurück nach *Gersfeld*. Ab *Berghütte „Simmelsberg"* Markierung
[Blaue 1] folgen bis *Schwedenwall*, s. auch S. 40 (zus. ca. 1 Std).

● **Weitere Wanderziele**

1) Gersfeld – Ebersburg – 2 Stdn – An der Stadthalle re in *Schloßstr*, bis *Fuldaer Str*, Markierung *[Gelber liegender Tropfen]* folgen,
an Gabelung re in *Schneeberger Str*. Li in *Ebersteiner Weg*. Str *Am
Komberg* überqueren und weiter auf *Maiersbacher Str* bis *Maiersbach*. Durchqueren und am Ortsausgang den Hang hinauf
zum *Wachtküppel* (interessante Basalterhebung, 700 m, mit toller Aussicht). In der Nähe des Ⓟ geheimnisvoller alter Steinbruch. Weiter auf Weg Ri *Ebersburg*. Str nach *Poppenhausen*
überqueren. Weiter bis zur *Ebersburg* (690 m, Burgruine südl.
von *Poppenhausen* mit 2 erhaltenen Türmen, wovon einer begehbar ist, s. auch S. 47).

2) Gersfeld – Wasserkuppe – 2½ Stdn – An Stadthalle li, nach re
in Karlstr. *Wasserkuppenstr* überqueren. Hinter Fahrschule auf
Fußweg *[Blauem Offenem Dreieck]* und *[Blauem F]* folgen. An

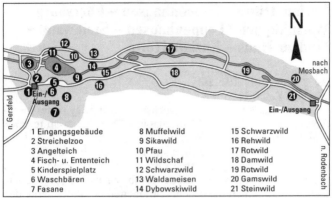

1 Eingangsgebäude	8 Muffelwild	15 Schwarzwild
2 Streichelzoo	9 Sikawild	16 Rehwild
3 Angelteich	10 Pfau	17 Rotwild
4 Fisch- u. Ententeich	11 Wildschaf	18 Damwild
5 Kinderspielplatz	12 Schwarzwild	19 Rotwild
6 Waschbären	13 Waldameisen	20 Gamswild
7 Fasane	14 Dybowskiwild	21 Steinwild

der *Fulda* entlang *Gersfeld* verlassen, der Weg verläuft parallel zur *Fulda*. Hauptstr nach *Mosbach* überqueren. An *Sandberg* vorbei Ri *Obernhausen*. Dort B 284 überqueren. Weiter durch Fichtenwald hinauf zur *Fulda-Quelle* unterhalb vom Gipfel der *Wasserkuppe* (950 m), *Hessens* höchster Erhebung. In jüngster Vergangenheit war die *Wasserkuppe* US Base, aus welcher die beiden Kuppeln, die Wahrzeichen stammen. Das Gebiet ist ein Paradies für Segelflieger, Drachen- und Gleitschirmflieger. Auf der *Wasserkuppe* befindet sich außerdem das größte Segelflugmuseum der Welt. Dort auch P (ausgeschildert).

3) Gersfeld – Sandberg – Obernhausen – 2½ Stdn – Von *Gersfeld* auf *Fernwanderweg [E 3]* Ri *Sandberg*, an Abzweigung li entlang des *Feldbaches* durch die *Kaskadenschlucht*. Hier auch Abstecher zum *ND Rotes Moor* möglich. Rund um den *Feldberg* (815 m) über *Feldbach* nach *Obernhausen*. Auf *Fuldatalweg* zurück nach *Gersfeld*.

4) Gersfeld – Nallenberg – Fuldatalweg – 4 Stdn – Auf *Fernwanderweg [HWO 5]* von Gersfeld Ri *Schmalnau*. Nach *Hohe Geis* re Ri *Unterlahngraben*, ins *Fuldatal*. Re entlang der *Fulda* zurück nach *Gersfeld*.

Enzian-Hütte – Poppenhausen – Ebersburg – Wachtküppel – Poppenhausen – Steinwand – Fuldaer Haus – Enzian-Hütte

Weg und Zeit – 28 km – 8 Stdn.

Charakteristik – Der sehr anspruchsvolle Rundweg bietet mehrfach einen imposanten Panoramablick über die gesamte *Rhön* und den vorderen *Vogelsberg*. Wer die urige Landschaft der *Rhön* liebt und keine Angst vor einer strammen Tour hat, der wird mit diesem Rundweg seine wahre Freude haben. Für den weniger geübten Wanderer bietet sich der Rundweg als 2-tägige Tour an. Dabei übernehmen die drei beschriebenen Gasthöfe gerne den Gepäcktransfer. Der Rhönfreund kann somit beim *Wandern ohne Gepäck* eine herrliche Wanderung erleben.

Anfahrt – A 7, Abfahrt *Fulda-Nord*, über die B 27 auf die *Petersberger Str*, über die L 458 nach *Dipperz, Ziegelhof, Grabenhof, Dietges*. In *Dietges* re zur *Enzian-Hütte.*

Parken – Großzügiger P vor der *Enzian-Hütte.*

● **Enzian-Hütte – Teufelstein – Poppenhausen – Ebersburg** – 3½ Stdn – Die Tour beginnt an der *Enzian-Hütte.* Von hier aus führt in nördlicher Ri ein schmaler Wanderpfad mit Holzstufen steil abw Ri *Grabenhof*. Am br Teerweg li, dann die Hauptstr überqueren. Durch *Grabenhof* auf Teerweg, von hier hat man nach re einen herrlichen Blick auf die *Milseburg.* An der Kreuzung halb li Ri

MA *Teufelstein, Ww,* in Teerweg, re mit *[Schwarzem Dreieck]* am *Teufelstein* vorbei. An der Kreuzung ger in Schotterweg, anschließend an der Kreuzung am Waldausgang li abw. Am P ger über die Hauptstr Ri *Poppenhausen,* an der Wegegabelung ger, dann re am Waldrand entlang. An der nächsten Wegegabelung li abw, auf Teerweg durch *Hohensteg* hindurch. Am Ortsausgang ger über die Hauptstr mit *Ww [Grashof]* steil aufw, am Waldausgang li, serpentinenartig steil abw. In *Poppenhausen* re entlang der Hauptstr in die *Burgstr,* re an der Kirche vorbei, am Stoppschild li, nach 10 m re, *Ww [Ebersburg Kühl-Küppel].* Nach 300 m in die *Ebersburger Str,* Ri *Ebersburger Höfe, Ww,* dem Teerweg folgen.

OM *Ohne Markierung* durch *Storchshof,* am Ortsausgang ger, 50 m li am *Danielshof* vorbei. In *Unterbienhof* li Ri *Oberrod, Ww,* an der Hauptstr re, nach 50 m li Ri *Schafhof, Ww [Ebersburg],* mittlere Steigung. Am Waldeingang ger steil aufw, dem Teerweg Ri *Ebersburg* folgen, von hier aus hat man einen grandiosen Blick auf den *Wachtküppel* und die *Wasserkuppe.* An der Hauptstr nach re zum

● **Berggasthof „Zur Ebersburg"** – Der urige und gemütliche Berggasthof am Fuße des *Ebersberges* mit der *Burgruine Ebersburg* verwöhnt den Wanderer mit vielfältigen saisonalen Gerichten, auch Wild, Vegetarisches. Von der Ebersburger Raubritterpfanne bis zum hausgemachten Kuchen lässt die Karte keine Wünsche of-

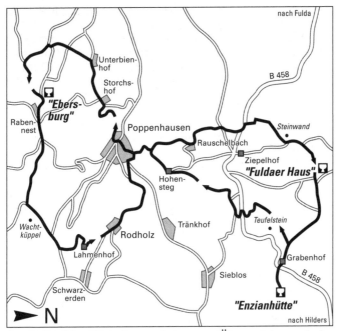

nach Fulda

fen. Behagliche Gästezimmer laden zum Übernachten nach der ersten Wanderetappe oder dem Besuch des wunderschönen großen Biergartens ein. Günstige Preise. – *Kein Ru.*

● **Burgruine Ebersburg** – Kleinere Burganlage des Adelsgeschlechtes zu *Ebersberg*, errichtet um 1100. Mehrmals zerstört, zuletzt 1451, später verfallen. Erhalten sind die Reste der Ringmauer und zwei Türme, von denen einer begehbar ist und einen zauberhaften Ausblick bietet.

● **Ebersburg – Wachtküppel – Poppenhausen – Steinwand – Fuldaer Haus** – 3½ Stdn – Vom *Berggasthof „Zur Ebersburg"* die Teerstr abw durch *Rabennest*, die Hauptstr ger überqueren, *Ww [Wachtküppel],* li an der *Rhönakademie Schwarzerden* vorbei, an

der Gabelung ger, *Ww [Schwarzerden]*. Halb li durch 🅿, dem Schotterweg folgen, li am Berg *Wachtküppel* vorbei, ger durch den Wald. 100 m nach dem Waldausgang an markantem Baum scharf li in den Grasweg. Am Schotterweg li, nach 300 m Wegegabelung, re aufw Ri *Lahmenhof*. Im *Lahmenhof* li auf Teerweg, abw Ri *Rodholz*, auf der Hauptstr nach li durch das Dorf. An der Sitzgruppe am Ortsausgang von *Rodholz* re in Schotterweg, an der Wegekreuzung li, an der Wegegabelung re, li am Tretbecken vorbei, dann re über den *Lütterbach*. Am Friedhof li auf die Hauptstr, nach 15 m re in Weg *Am Sandfeld* ger steil abw. Die Hauptstr überqueren, dem *Z [Schwarzer Tropfen]*, *Ww*, Ri *Grasberg* folgen, in Serpentinen aufw. An der Wegekreuzung li aufw, re am *Grashof* vorbei, dann re in Schotterweg mit *Ww [Steinwand]*. An Gabelung re abw Ri *Steinwand*, den Teerweg überqueren, halb re abw, an Gabelung ger, li entlang der Hauptstr. Nach 100 m re in Schotterweg, an Gabelung halb li aufw in den Wald. An der nächsten Gabelung halb li, nach 50 m re aufw. An der Kreuzung ger in Wanderpfad Ri *Steinwand*. Auf der Hauptstr nach li durch *Steinwand*, am Ortsausgang re in Teerweg Ri *Fuldaer Haus*. Aufw, am Grillplatz vorbei zum

● **Fuldaer Haus** – Das „runde Haus der Rhön" auf der *Maulkuppe,* in idyllischer Höhenlage mit einmaligem Rundblick. Bodenständige, vielseitige Küche, vornehmlich mit Produkten aus der Region. Lecker zubereitetes Rhöner Ochsenfleisch und Wildspezialitäten. Auch Lamm, Fisch, Vesper. Kinderportionen. Behagliche Hüttenzimmer. Mitglied der Aktion „Rhöner Charme". Untere Preislage. – *Ru = Mo.*

● **Fuldaer Haus – Enzian-Hütte –** 1 Std – Vom *Fuldaer Haus* führt ein Teerweg nach *Grabenhof*, *Ww [Grabenhof]*. In *Grabenhof* die Hauptstr überqueren und dem Teerweg ger folgen. Nach 400 m re in Wanderpfad, steiler Aufstieg zur

● **Enzian-Hütte –** Die in einer Höhe von 760 m zauberhaft gelegene Alpenvereinshütte erlaubt einen phantastischen Panoramablick. Mit vielfältigen Hüttenspezialitäten wie Hüttenpfannen, Grillhaxen, Sülze mit Bratkartoffeln und frischen Brezeln kann

sich der Hüttenfreund stärken. Übernachtungsmöglichkeiten werden im 2- und 4-Bettzimmer sowie einem Matrazenlager geboten. Untere bis mittl. Preise. – *ÖZ: Mo 10–18 Uhr, Mi–So 10–0.30 Uhr. – Ru = Di.*

● **Weitere Wanderwege**

1) *Enzian-Hütte – Abtsroda – Wasserkuppe* – 11 km – 4 Stdn – Diese Route führt über herrliche Aussichtspunkte in anspruchsvollem, teilweise stark ansteigendem Gelände hinauf zur *Wasserkuppe*. Der Weg beginnt an der *Enzian-Hütte*. Zur Eingangstür der *Enzian-Hütte* hinaus, ger auf schmalem Teerweg. Nach 5 m re durch den Wald. Wo der Teerweg in einen Schotterweg mündet, an einer Sitzbank vorbei. Am Waldausgang re aufw, an der Wegegabelung ger aufw, auf das gr Kreuz zugehen, kurz vor dem Kreuz nach li dem Grasweg folgen. Von hier aus hat man einen beeindruckenden Blick auf die *Wasserkuppe* und den *Pferdskopf*. Der Grasweg führt auf einen Schotterweg, nach langgezogener Rechtskurve ger. An der Wegegabelung ger, *Ww [Wasserkuppe]*, vorbei an einer kleinen Schutzhütte. An der nächsten Wegegabelung ger in Teerweg, li *Mariengrotte*. Ger über die Kreuzung, li oberhalb von *Abtsroda* in die *Enzianstr*. An der Kreuzung ger in die *Brunngrabenstr* mit markantem *Bildstock*. Am Ortsausgang von *Abtsroda* die Hauptstr überqueren, ger in Schotterweg, *[Rotes Dreieck]*, steil aufw bis zum Skilift. Hinter dem Skilift re, an der Wegegabelung li, steil aufw in den Wald auf einem Wanderpfad. Nach dem Waldausgang ger in Grasweg, li an Steinbrunnen und Schutzhütte vorbei, *Ww [Fuldaquelle]*, strammer Aufstieg. Hinter dem Waldausgang li, aufw zur *Wasserkuppe*. Alternativ kann man nach re einen Abstecher zum Fliegerdenkmal und dem *Pferdskopf* unternehmen. Auf gleichem Weg zurück oder weiter nach *Poppenhausen* (s. S. 60 u. S. 52) und zur *Ebersburg*.

2) Von der *Enzian-Hütte* über *Grabenhof*, re über den *Bubenbader Stein* zur *Milseburg*, über *Rupsroth* und *Dietges* zurück zur *Enzian-Hütte*.

3) Von der *Enzian-Hütte* nach *Dietges* und *Brand*, re durch das *Schlichtwassertal*, über *Abtsroda*, zurück zur *Enzian-Hütte*.

Poppenhausen – Wachtküppel – Maiersbach – Gackenhof – Poppenhausen

⬚ ⬚ ⬚ ⬚ ⬚

Weg und Zeit – 12 km – 3½ Stdn.

Charakteristik – Sehr schöner Rundweg aus dem Talkessel von *Poppenhausen* hinauf zum *Wachtküppel* (706 m), von dort großartige Rundblicke. Weiter abw ins Tal nach *Maiersbach*. Der Rückweg führt wieder hinauf, am *Wachtküppel* vorbei, durch den Ortsteil *Gackenhof* und hinab nach *Poppenhausen*.

Anfahrt – A 7, Ausf. *Fulda-Nord*, B 27/458 Ri *Hilders* bis Abzweig *Poppenhausen*. – A 7, Ausf. *Fulda-Süd*, B 27/279 Ri *Gersfeld* bis Abfahrt *Poppenhausen*. – Bahnstation *Fulda*, von dort Busverbindungen nach *Poppenhausen*.

Parken – Gäste-P *Landgasthof „Zum Stern"*, am *Marktplatz* oder *Bürgerhaus*-P in *Poppenhausen*.

● **Poppenhausen – Wachtküppel – Maiersbach** – 1¾ Stdn – Vom *Landgasthof „Zum Stern"* abw zur *Georgstr*, Ww *[Wachtküppel 1 Std]*. Li Ri *Gersfeld*, nach 600 m li in die *Heerstr*, Z *[Gelbe Pfeil-*
MA *spitze]*, geteerter Weg durch Wiesen bis zu außerhalb gelegenen Häusern. Li aufw, Ww *[Wachtküppel]*, Z *[Gelbe Pfeilspitze]*, nach 100 m re in Wiesenweg (!), Markierung *[Gelbe Pfeilspitze]*, *[Schwarzes Doppeldreieck]*. Dann li aufw am Waldrand entlang, Ww *[Wachtküppel]*. In den Wald hinein, auf dem Waldweg aufw mit Z *[Gelbe Pfeilspitze, Schwarzes Doppeldreieck]*, immer ger, Forstweg überqueren, am Ende der Steigung mit den Markierungen re. Li ist der *Wachtküppel* mit seinem Gipfelkreuz zu sehen, der zu einem Abstecher abweichend vom Wanderweg einlädt. Herrliche Rundsicht. Ruhebänke auf dem Kamm des *Wachtküppels*. Zurück zum Wanderweg, ger über P, nach ca. 100 m li, Ww *[Maiersbach]*, durch den Ortsteil *Wachtküppel* abw, auf der
MW Str mit Z *[Gelber Tropfen]* nach *Maiersbach* zum

● **Gasthof-Pension Erlengrund** – Am Ortsrand sehr schön und ruhig gelegen. Einfache, behagliche Gästezimmer. Rustikalgemütliche Gasträume mit familiärer Atmosphäre, überdachte Terrasse, herrlich im Grünen. Gutbürgerliche Küche, vom kleinen Imbiss bis zum Steak, Rhönforelle, Schnitzel, Geflügel und kalten Speisen wird alles angeboten. Gr P und Kinderspielplatz am Haus. Untere bis mittl. Preise. – *Ru = Mo*.

● **Maiersbach – Wachtküppel – Gackenhof – Poppenhausen** – 1¾ Stdn – Ab *Gasthof Erlengrund* auf gleichem Weg wie Hinweg aufw auf der Str, Ww *[Wachtküppel]* bis zum *Wachtküppel*. Diesen re liegen lassen, durch den Ortsteil *Wachtküppel* ger, Z *[Gelber Tropfen]*, Ri *Gackenhof*. Schöne Aussicht über das Tal. Land-
MW str überqueren, re, dann gleich li (!) abw zum *Gackenhof*, Z *[Gelber Keil]*. An Bauernhöfen vorbei auf geteertem Weg abw, vorbei an *Bildstöcken* mit Ruhebänken, durch Wiesen und Wei-

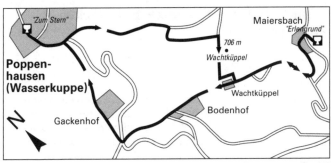

den nach *Poppenhausen*. In *Roten Weg* und *Georgstr,* aufw Ri *Marktplatz* zum *Landgasthof „Zum Stern".*

● **Landgasthof „Zum Stern"** - Erbaut auf historischem Gemäuer der ehemaligen Wasserburg. Seit 165 Jahren im Familienbesitz. Zentrale, aber ruhige Lage. Moderne, neu renovierte Gästezimmer. Gasträume gemütlich und liebevoll gestaltet, Gartenterrasse. Behagliche und gepflegte Atmosphäre. Marktküche mit frischen Spezialitäten der Saison. Fangfrische Rhönforellen, verschiedene Gerichte, kleine, aber feine Köstlichkeiten. Auch Vegetarisches, Kinderteller und Seniorenportionen. Erschwingliche Preise. - *Ru = Di.*

Poppenhausen – Rodholz – Kohlstöcken – Poppenhausen

▨ ◠ ▧ ⊞ ❋ ⒲

Weg und Zeit – 7 km – 2¼ Stdn.

Charakteristik – Eine geruhsame Rundwanderung aus dem Talkessel von *Poppenhausen* in Ri *Pferdskopf* und *Wasserkuppe* durch Wiesen und kleine Wäldchen zum *Berghotel Rhöndistel* und durch den Wiesengrund der *Lütter* nach *Poppenhausen*.

Anfahrt – A 7, Ausf. *Fulda-Süd*, B 458 von *Fulda* Ri *Hilders* bis Abzweig nach *Poppenhausen*. – B 279 Ri *Gersfeld* bis Abfahrt *Poppenhausen*. – Bahnstation *Fulda*, weiter mit dem Bus.

Parken – Am *Marktplatz* oder *Bürgerhaus*-Ⓟ.

● **Poppenhausen (Wasserkuppe)** – Inmitten des *Naturparks Rhön* liegt der staatl. anerk. Luftkurort in einer Höhenlage von 450–950 m. Seit 826 bekannt. Geburtsstätte des Segelflugs, Treffpunkt der Segel-, Modell- und Drachenflieger. Das idyllische Rhöndorf bietet mehr als 100 km ausgewiesene Wanderwege, Wandern unter Führung, verschiedene Wander-Pauschal-Angebote und Klettersteige. Tennisplätze, Freibad, Wintersportmöglichkeiten, Drachenfliegen am *Pferdskopf*. Ein Stück Landwirtschaft erfährt man in der *„Poppehuiser Bauernrunde"*. ND *Steinwand, Phonolithfelsen* im OT *Steinwand*.

● **Poppenhausen – Rodholz – Berghotel Rhöndistel** – ¾ Std – Ab *Poppenhausen* vom *Marktplatz* zur *Georgstr* und *Marienstr*, Ri *Rodholz* mit Z *[Gelbes Dreieck]*, vor dem Ortsausgang li über den *Sebastian-Kneipp-Weg*, durch den *Kneipp-Park* aufw durch Wiesen zur Str nach *Rodholz*. Großartige Rundblicke, auch zur *Wasserkuppe* und zum *Pferdskopf*. 300 m nach dem Ortsschild *Rodholz* li mit *Ww [Berghotel Rhöndistel]*, auf geteertem Weg ca. 1 km leicht ansteigend, durch Wiesen und an Forellenteichen vorbei bis zum

● **Berghotel Rhöndistel** – Am Fuße der *Wasserkuppe*, inmitten des *Biosphärenreservates*, richtig zum Entspannen, umgeben von Wald und Wiesen. Von allen Zimmern und Gasträumen herrlicher Blick ins Grüne. Rhöner Küche, frische regionale Zutaten von Bauernhöfen der Region. Spezialität: Rodholzer Ziegenbraten, fangfrische Forellen. Hausgemachte Kuchen. Mitglied der Aktion „Rhöner Charme". Als kinderfreundliches Haus vom ADAC ausgezeichnet (Spielplatz). Alles zu erschwinglichen Preisen. – *Ru = Mo.*

● **Berghotel Rhöndistel – Kohlstöcken – Poppenhausen** – 1½ Stdn – Ab *Berghotel Rhöndistel* mit Z *[Gelbes Dreieck]* aufw auf geteertem Weg, durch Wiesen und Hecken, bis zur Kreuzung mit *Ww [Kohlstöcken – Wasserkuppe]* (!). Auf Wiesenweg (!) mit Z *[Gelbes Dreieck]* bis *Kohlstöcken,* schöne Aussicht über Täler bis zur *Wasserkuppe.* Li an der Str entlang, nach 30 m re auf Schotterweg

MA

oben: *Blick auf Gersfeld*

unten: *Mufflons im Hochwildschutzpark bei Gersfeld*

oben: Maulkuppe mit Maulhof und Fuldaer Haus
unten: Der neue Rhönbob auf der Wasserkuppe

oben: *Blick auf Poppenhausen, im Hintergrund der Grasberg*
unten: *Der Wachtküppel bei Poppenhausen*

oben: Rhöner Museumsdorf Tann
unten: Milseburg mit Liebhards im Scheppenbachtal

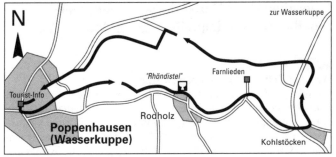

aufw, nach ca. 100 m li, *Z [Gelber Pfeil]* und *Ww [Heckenhöfchen]*, *MW* Heckenhöfchen re liegen lassen und über die Wiese, *Z [Gelber Pfeil]* (!) Ri Str. Ca. 50 m an der Str entlang bis zum Ⓟ, li auf Kiesweg abw, an Kreuzung vor dem Wald nach li mit *Ww [Poppenhausen]* und *Z [Roter Keil]*. Immer ger durch Wiesen, Fichten- *MW* und Buchenwäldchen bis *Ww [Poppenhausen]*, li (!) über Wiesenweg, *Z [Roter Keil]*, abw in den Wiesengrund, entlang des Baches *Lütter*, immer ger bis zum *Tennisplatz Poppenhausen*. Li abw über den *Sportplatz*, am *Friedhof* vorbei, li in den *Ludwig-Nüdling-Weg*, *Ww [Gemeindeverwaltung, Verkehrsamt]*, bis zum *Marktplatz*.

Obernhausen – Wasserkuppe – Sommer-rodelbahn – Fuldaquelle – Rotes Moor – O.

▨ ◻ ▨ ▦ ▨

Weg und Zeit – 12½ km – knapp 4 Stdn.

Charakteristik – Ein anspruchsvoller Wanderweg, hinauf zur *Sommerrodelbahn* auf der *Wasserkuppe*, die zu einer rasanten Abfahrt einlädt. Von der Bergstation über die *Fuldaquelle* hinüber zum *Roten Moor*, ein in 805–840 m Höhe gelegenes Hochmoor. Großartige Rundblicke. Zurück über die *Kaskadenschlucht*.

Anfahrt – A 7 bis *Fulda*, B 27/279 bis *Gersfeld*, B 284 Ri *Wasserkuppe* bis *Obernhausen*. – Bahn *Gersfeld*, weiter mit dem Bus.

Parken – Großer ℗ am *Berghof Wasserkuppe*.

● **Obernhausen – Fuldaquelle – Wasserkuppe** – 1 Std – Vom *Berghof Wasserkuppe* abw über die Str, durch *Obernhausen*, Ww *[Fuldaquelle]*, Z *[Blaues Dreieck]* an Linde in der Ortsmitte, aufw an der *Fulda* entlang, über die Str, li durch Wiesen und Wald zur *Fuldaquelle*, Z *[Blaues Dreieck]*. Ab *Fuldaquelle* mit Ww *[Wasserkuppe 1 km]* aufw, am *Flugplatz* und *Segelflugmuseum* vorbei Ri *Sommerrodelbahn* zum

● **Restaurant „Märchenwiesenhütte"** – Ein direkt an der *Sommerrodelbahn*, im Wald gelegenes Selbstbedienungsrestaurant mit Hüttencharakter. Deftige Speisen wie Erbsensuppe, Hähnchen, Rippchen mit Kraut, Schmankerl-Pfanne und weitere Gerichte sowie Torten und Kuchen. Gartenterrasse, Biergarten. Eine Attraktion auf der *Wasserkuppe* sind die 2 *Sommerrodelbahnen* und der neue *Bob*. – Kein Ru.

● **Wasserkuppe – Fuldaquelle – Rotes Moor – Kaskadenschlucht – Obernhausen** – knapp 3 Stdn – Von der *Sommerrodelbahn* Ri *Fuldaquelle* abw, Ww *[Rotes Moor 5 km]*, Z *[Blauer Keil]*, über Wiese und durch den Wald, nach ca. 100 m li mit Ww *[Rotes Moor]*, Z *[Blauer Keil]*. Nach 100 m wieder li aufw, Ww *[Heidelstein]*, Z *[Blauer Keil]*. Immer ger durch einen Buchenwald und ein Geröllfeld, *ND Fuchsstein*, über die Str, Ww *[Rotes Moor 4 km]*, Z *[Blauer Keil]*. Immer diesem Zeichen nach bis im Wald li das *Rote Moor* beginnt, li Ww *[Moorpfad, AT]*. Vom *AT* Rundblick über das *Rote Moor* zum *Heidelstein*. Weiter über den Moorpfad zur Schutzhütte mit Infotafeln, re bis zur Kreuzung. Wieder re mit *[Blauem Keil]* im Wald aufw bis Ww *[Kaskadenschlucht]*, hier li abw über Waldweg, Z *[Blauer Keil]*, bis hinab ins Tal auf steinigem Weg am Bach entlang, einen Forstweg überqueren. Im Tal (!) re aufw dem Bachlauf entgegen, Ww *[Feldbach, Wüstensachsen]*, Z *[Wanderweg 1]*, schmaler (!) Weg aufw. Aus dem Wald heraus, zunächst li, dann re, am Bauernhof vorbei aufw bis li Ww *[Obernhausen]*, Z *[Wanderweg 3]* nach *Obernhausen* führt. Auf bekanntem Weg zurück zum

MA

MW

MW

MW

• **Hotel-Restaurant Berghof Wasserkuppe** – Am Ortsrand, sehr ruhig gelegen, moderne, gut ausgestattete Gästezimmer. Behagliche Atmosphäre, gepflegte Gasträume. Schöne Gartenterrasse im Grünen. Weithin bekannte ausgezeichnete Küche. Breitgefächertes Angebot, Rhöner Spezialitäten, u.a. Rhöner Weckbraten, Rhönforelle im Wurzelsud, Vegetarisches. Selbst gebackene Kuchen. „Rhöner Charme"-Mitglied. Mittlere Preise. – *Kein Ru.*

Heckenhöfchen/Rodholz – Wasserkuppe – Pferdskopf – Guckaisee – Heckenhöfchen

Weg und Zeit – 9 km – 3 Stdn.

Charakteristik – Ein anspruchsvoller Wanderweg hinauf zur *Wasserkuppe* (950 m) mit immer wieder herrlichen Rundblicken über die gesamte *Rhön* und einer herrlichen Weitsicht bis nach *Fulda* vom imposanten *Pferdskopf* (875 m) aus. Vom *Pferdskopf* steiler Abstieg zum idyllisch gelegenen *Guckaisee.*

Anfahrt – A 7 bis *Fulda,* über B 27/279 bis *Gersfeld,* B 284 Ri *Wasserkuppe,* hinter *Gersfeld* li abbiegen Ri *Guckaisee* bis *Heckenhöfchen.* – Bahnverbindung bis *Gersfeld,* weiter mit dem Bus.

Parken – Vor der *Landgaststätte Heckenhöfchen.*

MA • **Heckenhöfchen – Wasserkuppe – Holzschnitzer** – 1¼ Stdn – Vom
MW *Heckenhöfchen* li abw über die Wiese, *Z [Gelber Pfeil],* an der Str entlang bis zum Ⓟ, dann re aufw mit *Z [Roter Keil], Ww [HWO 4, Wasserkuppe 5 km],* steil aufw durch Buchen- und Fichtenwald, und *Ww [Fliegerdenkmal, Wasserkuppe],* bis zum *Fliegerdenkmal.* Herrliche Aussicht, überall Ruhebänke. Weiter li mit *Ww [Abtsroda],* später *Ww [Parkplätze],* bis zum Zaun der *Militäranlage,* dort entlang mit *Ww [Ⓟ Märchenwiese],* durch Fichtenwald abw zu Pflasterweg. Dann re *Ww [Ⓟ].* Nach ca. 300 m li abw zur

• **Holzschnitzerei auf der Wasserkuppe** – Hier kann dem Künstler über die Schulter geschaut werden. Der Rhöner Holzschnitzer zeigt in seinem Laden/Werkstatt an Beispielen, wie er seine Kunststücke selbst fertigt. Man findet neben Krippen, Kreuzen, geschnitzten Wurzeln, Madonnen und Nachtwächtern auch Schmuck aus Olivenholz und Geschenkartikel aus Holz.

• **Wasserkuppe – Pferdskopf – Guckaisee – Heckenhöfchen** – 1¾ Stdn – Vom Holzschnitzer Ri *Segelflugmuseum,* re Ri Segelflugschule bis zum Zaun der *Militäranlage.* Hier entlang aufw, *Z [Roter Keil],* bis *Ww [Poppenhausen].* Auf der Wiese abw, *Ww [Heckenhöfchen],* bis *Fliegerdenkmal,* li abw, *Ww [Poppenhausen, Heckenhöfchen],* dann immer dem *Ww [Guckaisee über Pferds-*
MW *kopf], Geologischer Wanderpfad, Z [Weißes G auf Blauem Grund]* folgen. Li über die Wiese, die Treppe aufw zum Kamm des *Pferdskopf.* Herrliche Aussicht, bis nach *Fulda.* Auf dem Kamm

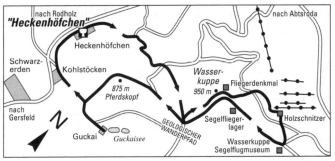

des *Pferdskopf* Drachenfliegerstartplatz, weiter abw am *Kreuz* vorbei, li abw, *Ww [Guckaisee], Z [Weißes G auf Blauem Grund]* auf schmalem steinigem Pfad steil abw durch den Wald, am *Goldborn* vorbei bis zum *Guckaisee.* Von hier zurück, mit *Ww [Heckenhöfchen], Z [Gelber Pfeil],* durch Bauernhöfe bis zur   *MW*

● **Landgaststätte-Pension Heckenhöfchen** - Sehr ruhig gelegene Gaststätte mit gemütlichen, rustikalen Gasträumen. Neu ausgestattete Gästezimmer. Biergarten, herrlich im Grünen. Hausmannskost, wechselnde Tageskarte je nach Saison. Leckere Braten, Vesperkarte, Wurst nach Hausmacher Art. Auch Kinderteller, Seniorenportionen. Günstige Preise. – *Ru = Mo.*

Wüstensachsen – Ulsterquelle – Heidelstein – Rotes Moor – Wüstensachsen

◨ ◩ ◊ ▨ ◖ ▣ ❋ ❖

Weg und Zeit – 16 km – 4 Stdn.

Charakteristik – Das *Rote Moor* ist ohne Zweifel einer der Höhepunkte auf diesem Rundweg. Aber auch der *Heidelstein* und der weitere Wegverlauf mit spektakulären Ausblicken begeistern den Wanderer.

Anfahrt – A 7, Ausfahrt *Bad Brückenau/Wildflecken* – B 279 *Bischofsheim* – B 278 bis *Wüstensachsen*. – Von *Fulda* B 27 und B 279 bis *Gersfeld* – B 284 bis *Wüstensachsen*.

Parken – Gäste-Ⓟ am *Gasthof Hohe Rhön*.

● **Wüstensachsen** – Ortsteil der Fremdenverkehrsgemeinde *Ehrenberg*, trägt seit 1983 das Prädikat „Luftkurort". Zur Freizeitgestaltung findet der Gast ein vielfältiges Angebot, vom Freibad über Sport- und Kinderspielplätze bis zum Wassertretbecken und Grillplatz.

● **Wüstensachsen – Ulsterquelle – Heidelstein** – knapp 2 Stdn –

MA Vom *Gasthof* Ri Ortsmitte. *Schloßstr* li mit *[U]*, *Brauwiesenweg* ger. Am Ende des *Brauwiesenwegs* Querstr re, nächste li mit *[U]*. Ger und oberhalb der *Ulster [U]* folgen. Der hübsche *Ulstertalweg* führt durch ein NSG, überquert zweimal die *Ulster* und führt dann gemächlich aufw. Die Markierung *[U]* verlässt der 3. Ulsterüberquerung den Schotterweg, auf schmalem Wie-

MW senpfad re steiler aufw in den Wald. Am Querweg mit *[Blauem Winkel]* re. An der *Ulsterquelle* lädt ein Rastplatz zu einem Ausblick durch den Wald hindurch auf die Rhönhöhen ein. Weiter mit *[Blauem Winkel]*. Ca. 40 m nach dem Rastplatz am Wegdrei-

OM eck *ohne Markierung* li (!). Querweg li. Einige Meter nach dem Triathlon-Schießplatz am Wegkreuz re. – Von hier lohnt sich ein Abstecher zum Fernsehsender *Heidelstein* (926 m). An der Skihütte mit *Ww [Heidelstein]* li hinauf. Oben eröffnen sich herrliche Fernblicke über die *Rhön*. Wieder zurück zur Skihütte (hin und zurück 2 km).

● **Heidelstein – Rotes Moor** – ½ Std – An der Skihütte Ri *Gersfeld*

MA ger. Am Ⓟ *Moordorf* Str überqueren und ger mit *[Rotem Dreieck]* in das

● **NSG Rotes Moor** – Das 315 ha große Schutzgebiet repräsentiert einen typischen Landschaftsausschnitt mit seiner spezifischen Tier- und Pflanzenwelt. Man findet hier eine ungewöhnlich vielseitige Wiesenvegetation, Trollblumenfeuchtwiesen, Karpatenbirkenwälder, Moos- und Krähenbeere, Wollgras, Birkhuhn, Bekassine und Wiesenpieper. Der Moorlehrpfad ist sehr hübsch angelegt mit Info-Tafeln über Pflanzen und Tiere, Gewässer, Wälder und Moorlandschaften. Interessant ist auch am Aussichtsturm die Information über den Torfabbau.

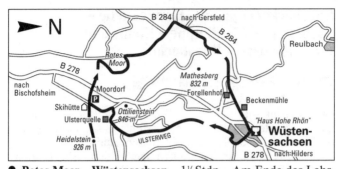

● **Rotes Moor – Wüstensachsen** – 1½ Stdn – Am Ende des Lehr-
pfades mit *[Rotem Dreieck]* re. Aus dem Wald heraus bietet sich
wieder ein herrlicher Fernblick bis zur *Wasserkuppe*. An der Gabelung re mit *[Liegendem Tropfen]* und *Ww [Rotes Moor Rund-* MW
weg]. Auf schönem Wiesenweg leicht abw immer mit Blick auf
die *Wasserkuppe* – traumhaft! Bis zur B 284, hier re, parallel zur
Str. Bald entfernt sich der Weg von der Str und führt über die
Wiese abw. Achtung! Auf der Wiese an der Gabelung li mit *Ww*
[Wüstensachsen] (!). Am Weidezaundurchgang mit *[Liegendem*
Tropfen] ger über die Wiese, auf lauschigem Wiesenweg entlang
des Bächleins bis zur Str. Diese überqueren und ger abw, mit
Markierung an Forellenzucht vorbei. An der Dorfstr Markierung
parallel zur Str folgen mit Blick auf *Wüstensachsen*. Dann führt
die Dorfstr durch den Vorort *Beckenmühle* nach *Wüstensachsen*.
Bundesstr überqueren, *Schafsteiner Str* li in den Ort. Am Bildstock von 1774 an Abzweigung li in *Georg-Meilinger-Str* mit *Ww -*
[I-Punkt] zum Info-Zentrum des Biosphärenreservats *Rhön*.
(s. auch S. 12). *Rhönstr* li, *Tanner Str* re zur Einkehr im
● **Gasthof-Pension Haus Hohe Rhön** – Behagliche Gästezimmer
und gemütliche Räumlichkeiten mit Gartenterrasse erwarten
den Wanderer. In familiärer Atmosphäre wird gutbürgerliche
Küche geboten: Grillteller, Wild aus eigener Jagd, fangfrische
Rhönforellen und kleine kalte Speisen. Kinderteller. Fassbier,
gute Weine. Günstige Preise. – *Ru = Mi.*

Kneshecke/Dipperz – Haunequelle – Giebelrain – Maulkuppe – Steinwand – Friesenhausen – Kneshecke

⬚ ⌂ ⌂ 🕮 🗠 🎿 ✳ ✳ 🏛

Weg und Zeit – 16 km – 4½ Stdn.

Charakteristik – Rundweg durch die *Kuppenrhön*, mit schönen AP, durch Felder an der alten bayrisch-hessischen Landesgrenze (Grenzsteine) entlang. Herrliche Aussicht auf die *Wasserkuppe* und die *Hochrhön*. An Bauerhöfen und Weiden vorbei führt der Weg zu 25 m hohen Phonolithfelsen und interessanten Kulturdenkmälern. Gesamte Höhendifferenz etwa 400 m.

Anfahrt – Von *Fulda/Petersberg* die B 458 Ri *Hilders*, über *Dipperz*, in *Friesenhausen* Ri *Dirlos*, nach 1½ km Schild *[Rhön Residence Kneshecke]*. – Gute Busverbindung vom Bahnhof *Fulda* Ri *Hilders* bis *Friesenhausen*.

Parken – Gr Gäste-Ⓟ vor *Hotel „Rhön Residence"*.

● Hotel „Rhön Residence" – Feriendorf und Bungalowanlage in absolut ruhiger Lage. Ideal für Erholungssuchende, mit Animationsprogramm und Kinderbetreuung in den Ferien. Großzügige Gästezimmer. Zwei Bars und Restaurants mit guter Rhöner Küche mit Rumpsteak, Lamm, Schnitzel sowie vegetarischer Vollwertkost. Spezialitäten aus Fluss und Meer sowie Grillgerichte. Kinderteller. Dazu Bier vom Fass und offene Weine. Schwimmbad, Sauna, Solarium, Squash, Tennis, Kegeln, Billard. Alle Preislagen. – *Kein Ru.*

● **Kneshecke/Dipperz – Haunequelle – Giebelrain – Maulkuppe –**
OM 2½ Stdn – Vom Ⓟ *„Rhön Residence" ohne Markierung* Zufahrtsstr abw, Haupstr überqueren, auf Feldweg, nächster Abzweig re aufw. Bis Quersträßchen, li, nächster Abzweig re, *Ww [Haunequelle]*. Auf Feldweg am Waldrand weiter bis Querstr, hier li, an *Haunequelle* vorbei und hinter erstem gr Bauernhof mit
MA *[Schwarzem Dreieck]* li aufw. Li wird das Gipfelkreuz des *Giebelraines* sichtbar, oben Rastplatz mit Aussichtspunkt, *Ww [Maulkuppe, Steinwand]*. Steil abw, unten über Querweg, *Ww [Steinwand]*, ger (Blick auf *Hochrhön*). Eben und leicht abw bis Straßenkreuzung, Bundesstr überqueren, Bundesstr 50 m Ri *Hilders/Meiningen*, hinter *Marienstatue* li und gleich auf Feldweg li aufw. Stramm aufw und dann nächste Abzweigung li, *Ww [Maulkuppe]*. Jetzt 3 Querwege ger überqueren, dabei steil aufw, zur *Maulkuppe*.

● **Maulkuppe – Steinwand – Friesenhausen – Kneshecke** – 2 Stdn
– Oben li an *Maulkuppe* und Ⓟ vorbei und li auf Zufahrtsstr. Abw bis Str zur *Steinwand*, li. Nach 100 m an ein paar Häusern
MW vorbei mit *[Schwarzem Tropfen]*, *Ww [Bildstein]* re in den Wald. An den Phonolithklippen der *Steinwand* vorbei abw, 100 m nach
OM letztem Felsen auf Waldweg *ohne Markierung* re abw, Rechts-

kurve. Dann kommt von li oben Waldweg, hier li, *[Rotes Drei-* MA
eck], (!) nach nur 20 m abw sofort wieder re, Wanderweg geht
dicht neben Waldweg abw. An Waldwiese vorbei, 200 m vor
Bundesstr (li lichter Wald) re weiter, parallel zur Bundesstr weiter aus Wald heraus und auf Feldweg, dann li. Bundesstr überqueren und weiter Ri *Friesenhausen* auf den Ort zu, vor der Kirche auf Str *Am Sand* bis *Dörmbacher Ring.* Li aufw an Friedhof
und *Mariengrotte* vorbei, nach erstem Bauernhof re abw, über
Hauptstr und auf Zufahrtsstr zurück zur *Rhön Residence.*
• **Weiterer Wandervorschlag** – Zum *Schloss Fasanerie Adolphseck*
– 20 km – 6 Stdn – Kaum Steigungen – Wieder von der Wandertafel vor Gäste-P mit Radweg *[Dietershausen]* erst ger, dann re
aufw durch das Feriendorf. Hinter den letzten Bungalows kurz li
und re auf den Waldweg mit Schranke. Am ADAC Verkehrs-
übungsgelände vorbei, dann abw auf den Ort zu. *Weinbergstr* bis
Wisselsroder Str, dann li *ohne Markierung* bis Kreuzung Ortsmitte, *Ww [Fulda].* Nach 100 m mit *[Schwarzem Dreieck]* li aufw,
[Marienhöhe], Ww [Dassenrasen], ger aufw. Sobald Bauernhof in
Sicht kommt, li durch Felder und leicht aufw in den Wald. Mit
Markierung *[Schwarzes Dreieck]* immer ger, vorbei an *Steinhauk,*
über Autobahnbrücke bis zur *Schlossanlage Fasanerie.* Auf gleichem Weg zurück.

Fohlenweide – Fuldaer Tor – Saubrücke – Dipperz – Guckai – Fohlenweide

◪ ⌂ ▨ ▦ ▩

Weg und Zeit – 13 km – 3 Stdn.

Charakteristik – Weg durch die *Kuppenrhön* bis zur *Fuldaer Senke.* Durch Wald und Felder mit Blick auf den höchsten Berg der *Kuppenrhön*, die *Milseburg* (835 m). Höhendifferenz ca. 200 m.

Anfahrt – Von *Fulda/Petersberg* auf B 458 bis *Dipperz*, dann Landstr Ri *Hofbieber*, re Ri *Thiergarten,* dann ger Ri *Kleinsassen*, nach 1½ km li nach *Fohlenweide.*

Parken – Gäste-Ⓟ vor *Hotel-Restaurant „Fohlenweide".*

● **Fohlenweide** – 1720 errichteten *Fuldaer Fürstäbte* die Anlage *Fohlenweide* mit elegantem Jagdhaus, Küchenbau, Ställen, Wasserkunst. 1822 waren die Gebäude so stark verfallen, dass sie der hessische Kurstaat als Steinbruch freigab. Der heute noch erhaltene Marstall der 1834 wieder eröffneten Fohlenweide ist Teil des Nord- und Südpavillons vom

● **Hotel-Restaurant Fohlenweide** – 30 komfortable Appartements, Sonnenterrasse, Biergarten. Aktivurlaub für die ganze Familie. Tennis, Spielscheune, Naturlehrgarten, Golf. In 2 Restaurants werden Spezialitäten wie Rhöner Lamm, Rhöner Forelle, Wild, Filetsteak, Feinschmecker-Menüs, vegetarische Gerichte und Vesper serviert. Alle Preislagen. – *Kein Ru.*

● **Fohlenweide – Fuldaer Tor – Saubrücke – Dipperz –** 1½ Stdn –
Vom *Hotel Fohlenweide* Str vor Ⓟ überqueren, an Teichen Pfad
MA ger aufw bis Waldweg, li. Mit *[Rotem Dreieck]* bis Str, re auf Pfad neben der Str, nach 100 m re in den Wald, auf li Weg mit Schranke aufw, an zwei re Abzweigungen vorbei wieder abw bis *Fuldaer Tor.* Str re weiter, nach 200 m li in den Wald, abw, ger und über *Riegelbach*, auf Querweg re, nächster Querweg mit *[Rotem Dreieck]* und *[Schwarzem Tropfen]* re bis Str. Auf Str li bis Ⓟ *Saubrücke*, li über Ⓟ und auf Pfad re neben Str. Nach 100 m am Waldrand re, weiter zu kl Teich, dann li. An nächster Gabel halb
OM li, nach 20 Min *Ww [Dipperz 1 km]*, li über Brücke und *ohne Markierung* Ri *Dipperzer Kirchturm*, auf *Wilhelm-Ney-Str* in den Ort. Hinter Kirche mit *Fuldaer Str* zum

● **Wirtshaus „Am Dorfbrunnen"** – In zentraler Lage am Bürgerhaus hinter dem Dorfbrunnen. Gemütliche Gasträume und Terrasse. Frische Küche nach Saison. Ideenreiche Karte, u. a. Rhöner Rumpsteak, Filetsteak, Schnitzelparade, kleine Speisen zum Bier, Vegetarisches, Rhöner Bauerntopf. Bier vom Fass und offene Weine. – *Ru = Mi.*

● **Dipperz – Guckai – Fohlenweide** – 1½ Stdn – Zurück zum Brunnen, Str überqueren, *Langenbieberer Str*, Ww *[Fohlenweide].* An 2. Abzweig (Bildstock) re, *Am Samig* ger aufw, 2. Abzweig halb li, nach Ortsausgang re. Erste Gabel halb re mit Sicht zur *Milseburg.*

Nach 20 Min durch Felder Querweg halb li, *Külosküppel* umrun-
den. Durch Felder, nächsten Querweg re, nach 50 m li, abw, kl
Brücke über *Igelbach*, kurz li aufw, Querweg mit *[Schwarzem*   MA
Tropfen] re aufw, Str überqueren. Auf Waldweg *OM* aufw, ger,   OM
nach 20 Min oben leichte Linkskurve, Wald lichtet sich. Wenn
kleine Feldscheune sichtbar wird, re aus Wald hinaus und hinter
Scheune ger auf asphaltierten Weg, mit *[Schwarzem Pfeil]* am   MA
Guckaihof vorbei, nächster Feldweg li, *Ww [Langenbieber]*. Nach
10 Min li im Waldrand auf Waldweg, scharfe Linkskurve, am
Hochsitz vorbei ger abw, über Querweg und Str, auf Waldweg mit
[Rotem Dreieck] zurück zur *Fohlenweide*.   MW

Hofbieber – Schwarzes Kreuz – Langenberg – Elters – Hofbieber

⬛ ⌂ 🏳 ⛰ 🏚

Weg und Zeit – 15½ km – 4 Stdn.

Charakteristik – Ein reizvoller Rundweg führt den Wanderer durch die intakte Natur der Rhöner Mittelgebirgslandschaft. Der Weg eröffnet herrliche Fernblicke auf *Schloss Bieberstein* und über eine Landschaft mit ursprünglichem Charakter.

Anfahrt – Von der A 7, Abfahrt *Fulda-Nord* über die B 27 auf die *Petersberger Str,* weiter nach *Margretenhaun, Niederbieber, Hofbieber.* – Busverbindung über *Fulda.*

Parken – Zahlreiche Parkmöglichkeiten in der Nähe des Touristen-Informationsbüros *Hofbieber.*

● **Hofbieber** – Der liebenswerte Luftkurort mit seinem ursprünglichen Charakter ist seit 400 v. Chr. besiedelt und war lange Zeit Sitz des Zehntgerichts. Wenn man Ruhe und Erholung sucht, um sich von der Hektik des Alltags zu befreien, und gleichzeitig einen interessanten Aufenthalt erleben möchte, dann ist *Hofbieber* das richtige Ziel. Die 18-Loch-Golfanlage, das beheizbare Freischwimmbad, Wassertretbecken, Tennisplätze, Fahrradverleih, Gymnastik und Waldlehrpfade sind Beispiele für das vielseitige Freizeitangebot.

● **Der Rundweg** – Ausgehend vom Touristen-Informationsbüro im *Schulweg* führt der Weg Ri Kirche. Vor der Kirche li in den *Lindenplatz,* weiter in die *Morleser Str.* Nach 300 m re, Ri *Schwarzes Kreuz, [Schwarzes Dreieck],* aus *Hofbieber* hinaus. Am Ortsausgang von *Hofbieber* die Hauptstr überqueren und der Teerstr Ri *Egelmes* folgen. An der Kreuzung nach 200 m 3. Schotterweg li abw in das *Nässetal.* An der Wegegabelung re, die *Nässe* überqueren, am Waldeingang li steil aufw. Die Kreuzung auf der Anhöhe ger überqueren, an der nächsten Kreuzung mit Hochsitz re aufw, nach 50 m scharf li in den Grasweg, steil aufw. Es folgt ein strammer Aufstieg von 15 Min zum Andachtsort **Schwarzes Kreuz,** hier re mit *Ww [Sandberg].* Den Schotterweg abw, nach 600 m an der Kreuzung re, an der nächsten Kreuzung halb li. Am Waldausgang die Hauptstr ger überqueren, nach 200 m Gedenkstein. An der nächsten Wegegabelung halb re, mittlerer Aufstieg zum *Arnsberg.* Auf dem *Arnsberg* nach li dem Schotterweg Ri *Sandberg* folgen. Li am Steinbruch vorbei, an der Kreuzung ger nach *Sandberg.* Li entlang der Hauptstr, nach 15 m re Ri *Langenberg.* Es eröffnet sich li ein eindrucksvoller Panoramablick über das ehemalige Zonengrenzgebiet. Kurz vor **Langenberg** re, *[Grünes Dreieck],* herrlicher Blick auf *Schloss Bieberstein.* Re am *Hahnershof* vorbei Ri *Schweinsberg, Ww.* An der Kreuzung re abw in den Schotterweg, dann li Ri *Elters.* Kurz vor dem Ortseingang von **Elters** li, nach

MA

MW

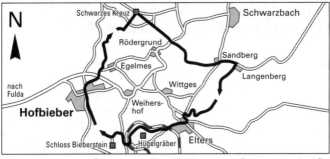

10 m re, Wanderpfad in den Ort. Entlang der *Schwarzbacher Str*
zum Ortsmittelpunkt, der *Steenser Str* halb re folgen. Am Orts-
ausgang hinter der Eisenbahnbrücke re, parallel zur Eisenbahn-
strecke, am Waldeingang ger. Li und re des Weges kann der auf-
merksame Wanderer einige Hügelgräber entdecken. An der
Teerstr angekommen scharf re, dann li, *Ww [Bieberstein]*. In
Linkskurve ger, *[Weiße 2]* in Schotterweg, an der Kreuzung ger, *MW*
[Naturlehrpfad]. Am Waldausgang abw, zurück in die Ortschaft *MW*
Hofbieber.
● **Weitere Wanderung** – *Hofbieber* – *Allmus* – *Traisbach* – *Wiesen* –
Niederbieber – *Langenbieber* – *Hofbieber.*

Lothar-Mai-Haus – Kleinsassen – Milseburg – Oberbernhardser Höhe – Lothar-Mai-Haus

⬚ △ ▨ ✳ ✳ ⬚

Weg und Zeit – 14 km – 4½ Stdn.

Charakteristik – Ein spektakulärer, anstrengender Rundweg, der den Natur- und Kunstliebhaber mit wunderbaren Eindrücken verwöhnt. Man erklimmt auf einem prähistorischen Pfad den Gipfel der *Milseburg*, wo er mit einer herrlichen Aussicht und einer zünftigen Rast in der urigen Berghütte belohnt wird.

Anfahrt – Von der A 7, Abfahrt *Fulda-Nord*, über die B 27 auf die *Petersberger Str*, über *Margretenhaun, Niederbieber* nach *Langenbieber*, re Ri *Steens*, vor *Steens* re aufw zum *Lothar-Mai-Haus*.

Parken – Gr Ⓟ vor dem *Lothar-Mai-Haus*.

● **Lothar-Mai-Haus – Kleinsassen – Milseburg** – 3¼ Stdn – Vom *Lothar-Mai-Haus* führt ein Teerweg in südwestl. Ri. Nach 250 m in der Rechtskurve li in Schotterweg einbiegen, am Waldeingang ger abw. An der Kreuzung ger in Grasweg, *Ww [Schackau]*, nach 10 m re in Wanderpfad, steil abw. Der Pfad führt an einem stillgelegten Eisenbahntunnel li vorbei. Nach 50 m li aufw Ri *Milseburg, Ww, [Weiße 2]*. Am Waldausgang hat man einen herrlichen Blick auf die *Milseburg*, nach 70 m re, am Waldrand entlang. An der nächsten Gabelung re abw Ri *Kleinsassen*. Panoramablick auf *Schloss Bieberstein*! Vorbei am *Gangolfshof* mit Blick auf die Kirchturmspitzen von *Kleinsassen*. In *Kleinsassen* re an der Kirche vorbei, hier nicht der Markierung folgen, sondern li in die *Rhönringstr*, am Ortsmittelpunkt li in die *Biebertalstr*, dann li in den *Alten Weg*. Ger entlang dem Bachlauf der *Bieber, Ww [Fuldaer Haus]*, li am Ⓟ vorbei, nach 50 m re abw (Grillplatz). An der Kreuzung ger, am Waldeingang an Gabelung halb li aufw das *Biebertal* verlassen. Nach langgezogener Linkskurve an der Gabelung steil re aufw. Im Buchenaltholzbestand an Gabelung nach li, in Grasweg, der in einen Wanderpfad am Südhang der *Milseburg* mündet. Am Waldausgang re, Ri Ⓟ *Milseburg*. Von hier aus bietet sich der *[Rundweg 1]* an, um die *Milseburg* zu besteigen und sich in der *Berghütte Milseburg* zu erfrischen.

● **Berghütte Milseburg** – In zünftiger Atmosphäre bietet die urige Berghütte deftige Hausmannskost und täglich frischen Kuchen, kühles Bier und köstliche Fruchtweine. Gartenterrasse. Sehr günstige Preise. – *Kein Ru*.

● **Die Milseburg** (835 m) – Auf dem sagenumwobenen Berg stand ehemals eine Fliehburg zum Schutz der alten Handelsstraße „Ortesweg". Unvergesslicher Rundblick! Einmalige Pflanzenwelt. Unterhalb des Gipfels mit barocker Kreuzgruppe steht die *Gangolfskapelle*.

● **Milseburg – Oberbernhardser Höhe – Lothar-Mai-Haus** – 1¼ Stdn – Zurück zum Ⓟ, der Teerstr folgen, re entlang der Hauptstr. Nach

MA

OM

MA

250 m li in Schotterweg Ri *NSG Oberbernhardser Höhe, Ww [Lothar-Mai-Haus]*. Über Anhöhe, abw durch den Wald. An der Kreuzung ger auf bekanntem Weg zurück zum *Landhotel Lothar-Mai-Haus*.

● **Landhotel Lothar-Mai-Haus** – Das in einer Höhe von 670 m gelegene Landhotel lädt in der rustikalen Rhönstube, dem stilvollen Café oder auf der Gartenterrasse mit herrlichem Rundblick zum Genuss von Rhöner Spezialitäten und internationalen Gerichten ein. Komfortable Fremdenzimmer, Solarium, Fitnessraum. Günstige Preise. – *Ru = Di.*

Hünfeld-Mackenzell – Weißenbrunns Kirche – Jungfernbörnchen – Ulmenstein – Molzbach – Mackenzell

Weg und Zeit – 11 km – 3 Std.

Charakteristik – Abwechslungsreiche Rundwanderung durch Felder, Wiesen und durch Buchenhochwald. Viele schöne Aussichtspunkte auf das *Hessische Kegelspiel* und die *Hohe Rhön*. Der *Basaltsee* am *Ulmenstein* mit Grillplatz ist das Ziel der Wanderung. Der See füllt den alten Steinbruch, aus dem Basaltsäulen abgebaut wurden. Er ist 30 m lang, 15 m breit und 5 m tief. Auf dem Rückweg geht es durch *Molzbach*, das durch die vorgeschichtlichen Gräber auf dem *Bomberg* bekannt ist. Gesamte Höhendifferenz etwa 200 m.

Anfahrt – A 7 *Fulda – Bad Hersfeld* bis Ausf. *Hünfeld*. – Oder B 27 bis *Hünfeld*. – Dann Ri *Nüsttal* nach *Mackenzell*. – Auch gute Bahn und Busverbindung.

Parken – Gäste-Ⓟ vor und hinter dem *Gasthof „Goldener Engel"*.

● **Gasthof „Goldener Engel"** – Sehr gepflegtes Haus, Familienbetrieb, in zentraler Lage. Komfortable Zimmer mit Du/WC/Telefon. Kegelbahn. Angeboten werden Produkte der Region, z.B. Rhönforelle aus dem eigenen Teich, Schnitzel, Steaks, Wild. Auch Vollwertkost und Vesper. Kinderteller und Seniorenportionen. Täglich Kaffee und hausgemachter Kuchen. Kutschfahrten können organisiert werden. Tennis in der Nähe. Mittlere Preise. – *Ru = Mi*.

● **Hünfeld** – Aufstrebende Kreisstadt. *Althünfeld* wurde 1888 zu zwei Dritteln durch Brand zerstört. Sehenswerte *Kirche zum hl. Jakobus* auf dem höchsten Punkt der Stadt. Schönes Sportbad im *Haselgrund*.

● **Ortsteil Mackenzell** – Zelle des *Klosters Fulda*. Sehenswert sind die Burg und die Wasserschlossanlage mit Mauergraben (hinter Gasthof), urkundlich erstmals erwähnt 1146–1170. Heute Kurheim.

● **Mackenzell – Weißenbrunns Kirche – Jungfernbörnchen – Ulmenstein** – 1½ Stdn – Vom *Gasthof „Goldener Engel"* mit *Ww [Radweg Hessisches Kegelspiel]* ger aufw, *Raiffeisenstr* halb re aufw, *Ulmensteinweg* halb re aufw, *Haupstr, Weißenborner Str*. Aus Ortschaft heraus, ger weiter (Schild „*Friedhof"*) bis *Weißenbrunns Kirche*. An der Friedhofsmauer bei *Weißenbrunns Kirche* li, jetzt

MA mit Markierung *[Brunnen]* Feldweg aufw bis Rastplatz. Waldrand. AP. Re (!) auf Pfad am Waldrand innerhalb des Waldes ger weiter bis Querweg von re kommt. Halb li weiter an kl Felsen vorbei, nächster Querweg li, über Querweg am *Jungfernbörnchen* ger

MW aufw in den Wald. Mit Markierung *[U]* oben ger über Querweg, an li Abzweigung ger vorbei, nächste Wegegabel halb li bis Wan-

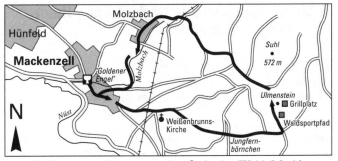

dertafel *Ulmenstein*. Dann ganz li aufw in den Wald, Markierung *[Schwarzes Dreieck]*. Nach 15 Min re aufw **(!)**, *[Schwarzes Dreieck,* **MW** *Schwarzer Pfeil]*. Nach 100 m kommt Grillplatz vor *Basaltsee Ulmenstein*.

● **Ulmenstein – Molzbach – Mackenzell** – 1½ Stdn – Weiter li aufw neben *Basaltsee* in den Felsen zur hinteren Grillhütte. Von hier ger über Querweg **(!)**, auf Pfad 100 m bis Treppe, abw. Mit *[Schwarzem Pfeil]*, Ww *[Molzbach 3 km]* re weiter. Nach 150 m li **MW** **(!)**, Waldkreuzung abw, weiter an re Abzweig vorbei bis zum nächsten Querweg, re und nach 50 m li abw. Unten halb re auf Querweg aus dem Wald heraus, am Waldrand entlang bis Wegegabel, unten quert Fahrsträßchen, li Ri *Molzbach* weiter, ger durch den Ort Ri *Mackenzell*. Kurz vor den letzten Häusern li auf Landwirtschaftsweg *ohne Markierung* parallel zur Hauptstr **OM** bis kurz vor dem *Molzbach*, re am Bach entlang in den Ort. Ri Kirchturm, li oberhalb der Kirche vorbei auf *Weißenborner Str* und zurück zum Ausgangspunkt.

● **Das Hessische Kegelspiel** – *Hünfeld* liegt inmitten einer waldreichen, hügeligen Landschaft im Norden des *Biosphärenreservats Rhön*, dem *Hessischen Kegelspiel*. Das Gebiet wird geprägt von neun wie Kegel angeordneten Basaltbergen, die im Volksmund auch „Waldstiftenköpfe" genannt werden.

Hilders – Battenstein – Buchschirm – Ruine Auersburg – Hilders

⬚ ⬚ ⬚ ⬚ ⬚ ⬚ ⬚ ⬚

Weg und Zeit – 12 km – 3 Stdn.

Charakteristik – Abwechslungsreicher Rundweg durch die typische Rhönlandschaft mit vielen markanten Punkten. Ca. 250 Höhenmeter Anstieg.

Anfahrt – A 7, Ausfahrt *Fulda-Nord*, B 27 über *Petersberg*, B 458 über *Dipperz – Batten*, B 278 *Hilders*. – A 7, Ausfahrt *Bad Brücken-au/Wildflecken*, über *Riedenberg, Oberweißenbrunn*, B 279 *Frankenheim*, B 278 *Batten* nach *Hilders*. – Hbf *Fulda*, dann Buslinien 5033 u. 5040.

Parken – Am Gemeindezentrum, (zeitl. limitiert) u. *Kolpingstr.*

● **Hilders** (460–800 m) – 915 erstmals urkundl. erwähnt. Geschichtsträchtiger Ort mit stattlicher Pfarrkirche, 1796. Staatl. anerkannter Luftkurort im malerischen *Ustertal*, unweit dem „Berg der Flieger", der *Wasserkuppe*. Gr Wanderwegenetz, auch in die *Bayrische* und *Thüringische Rhön*.

● **Hilders – Battenstein** – ca. ¼ Std – Vom Gemeindezentrum mit *[Grünem u. Blauem Dreieck]* ger bis Gabel, halb re ins *Battentor*,
MA ger. Nach 1 Min Abzweig, L 3176 nach *Simmershausen – Frankenheim*, *Rhönstr* li, nach 50 m li, *Battensteinerstr*. Str aufw, Fußweg weiter zur L 3176, re abw, nach 100 m auf li Seite *Ww [Battenstein]*. Aufw zur L 3176, überqueren. Ab hier wieder *[Grünes u. Blaues Dreieck]*. An der Jugendherberge vorbei mäßig aufw, ger bis Querweg, *Ww [Battenstein]*. Überqueren, stramm aufw, Stufen zur Kapelle.

● **Battenstein** (ND) – Basaltfelsengruppe mit kl Kapelle, erb. 1706–1742 mit Kreuzwegstation, heute Wallfahrtsstätte.

● **Battenstein – Buchschirm – Ruine Auersburg – Hilders** – ca. 2¼ Stdn – Stichweg zurück bis Querweg, *[Grünes u. Blaues Dreieck]*, re aufw. An Abzweig zu Zeltplatz vorbei, bald Feldweg. Am höchsten Punkt (!) ger, nach ca. 100 m li, *Ww [Buchschirm]*. Ger, dann scharf re, kurzer steiler Anstieg, ab der Höhe li, jetzt *[Rote 3,*
MW *Grünes Dreieck]*, vorbei am *Kreuz des Ostens*, 20 m weiter AT, Rundblick! Jetzt scharf re (!), schmalen Wiesenpfad abw, auf Feldweg re, abw durch Wäldchen. An Gabel ger, nach ca. 100 m (!) re hoch, gleich wieder re, nach 5 Min vorbei an Schutzhaus mit schöner Rastanlage. Hier mit *[Roter 4, Blauer 1]* auf gut markier-
MW tem Weg bis zur L 3176 *Hilders – Simmershausen*. Diese überqueren, li über ℗ „*Köpfchen*" führt der Weg weiter mit *[Blauer 4 u. 2]*
MW zur *Ruine Auersburg* und zum *Naturlehrpfad*. Angelegt 1966, durch schön gestaltete Tafeln erfährt man Wissenswertes über Natur und Mensch in dieser Landschaft. Durch Buchenwald nächste Gabel li, ger bis Gabel, li mit *[Rotem Pfeil, Grünem Drei-*
MW *eck, Grünem Pfeil]*. Ger, beim Querweg nach *Hilders* leicht re, *Ww*

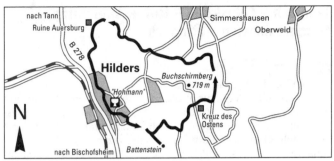

[Ruine Auersburg]. Kurzer Anstieg zur *Auersburg* mit AT, erbaut 1214, zerstört 1525 während des Bauernkrieges. Zurück zum Querweg nach *Hilders*, re auf Waldpfad abw, Querweg li, asphaltierten Weg über *Struth-* und *Julierhof* abw nach *Hilders*, über *Stieler Str, Friedensstr* zum Gemeidezentrum.

● **Hotel-Gasthof Hohmann** – Gemütliches Landhotel in sehr ruhiger Lage mit komfortablen Zimmern, Gartenterrasse. Reichhaltige Speisekarte mit rhöntypischen Gerichten, vorwiegend aus frischen Rhöner Produkten. Forellengerichte vom Grill u. aus der Pfanne, Deftiges u. Vegetarisches. Erlesene Getränke. Gutes Preis-Leistungsverhältnis. – *Ru = Mi (nur im Winter).*

Dippach – Gänskutte – Ruine Auersburg – Simmershausen – Dippach

◪ ◩ ▨ ▣ ▨

Weg und Zeit – 11½ km – 3 Stdn.

Charakteristik – Bequeme Wanderung durch Wald und Flur mit wenigen, leichten Anstiegen. Z.T. Naturlehrpfad, der viel Wissenswertes über die Natur, die Menschen und die Geschichte vermittelt. Grandiose Fernsicht von der *Auersburg.*

Anfahrt – A 7, Ausf. *Fulda-Süd* oder *-Nord,* B 27 Ri *Fulda* bis *Petersberger Str,* über B 458 bis *Batten,* über B 278 Ri *Tann* bis *Wendershausen,* re ab nach *Dippach.* – Bus von *Fulda* über *Hilders* nach *Simmershausen.*

Parken – *Campinggaststätte „Ulstertal",* gut ausgeschildert.

● **Campinggaststätte „Ulstertal"** – Schöner Campingplatz in dörflicher Idylle, umgeben von Bergwiesen. Neue, großzügige Sanitär- und Dusch-/Waschanlagen. Zünftige, rustikale Gasträume. Kleine, warme Gerichte, deftige Vesper, Hausmacher Wurst. Bier vom Fass, offene Weine. Sehr niedrige Preise. – *Kein Ru.*

● **Dippach – Gänskutte – Auersburg** – gute 1½ Stdn – Am Eingang, innerhalb des Campingplatzes, re 50 m hoch, über die Absperrkette, nach li und gleich wieder halb re im Bogen aufw, li an der Kastanie mit Bank vorbei, aufw Ri *Auersberg.* An der nächsten Wegegabel re Ri *Wäldchen.* Nach 200 m nach re auf

MA den Wanderweg mit Markierung *[Grünes Dreieck],* (li Wiese: Sept./Okt. mit Herbstzeitlosen übersät). Nach 200 m *Ww*

MW *[Auersburg 4 km],* auch *Z [Roter Winkel]* und *[Weiße 4 auf Blau].* Nach 100 m li, *Ww [Gänskutte],* bis an den Waldrand, re ab, nach 50 m nochmals re bis zum *Paradieshof.* Hier li (!), Ri *[Parkplatz],*

MW *Ww,* auch Markierung *[Grüner Winkel],* zur *Gänskutte* (schöne Freizeitanlage des *Rhönklubs*). Weiter Ri *Ruine Auersburg, Ww [Auersburg/Hilders],* unterwegs re *AP* mit Blick zum *Habelberg* und nach *Tann,* später re, *Ww [Ruine Auersburg].* Der Weg führt als *Naturlehrpfad* bis zur *Burgruine Auersburg* (1525 im Bauernkrieg zerstört). Herrliche Aussicht auf die ganze *Rhön!*

● **Burgruine Auersburg – Simmershausen** – ¾ Std – Auf dem Weg 300 m zurück bis zum Wege-Dreieck (nicht vorher nach re mit *Z*

MW *[Weiße 2 auf Blau]* abbiegen!). Nach re mit *[Weißer 2, 4 auf Blau], Ww [Ⓟ Köpfchen],* auf br Waldweg zum Ⓟ *Köpfchen.* Li, am Ⓟ

MW vorbei, 2. Str li (Teerweg), *[Rote 4 auf Weiß], Ww [Radweg Simmershausen].* Nach der 1. Kurve (Bank) nach li den Teerweg verlassen. Am Ortseingang Zusammentreffen mit der Hauptstr. Ger in den Ort, nach 300 m nach re, *Ww [Zur Krone].*

● **Gasthof Zur Krone** – Seit Generationen im Familienbesitz. Komfort-Appartements und gemütliche Gästezimmer. Behagliche Gasträume, Nebenraum bis 40 Personen. Deftige Rhöner Küche, auch für den kleinen Hunger, Fleisch, Lammschinken,

Hausmacher Wurst aus eigener Schlachtung. Auch Kinderteller.
Bier vom Fass, offene Weine und „Rosi's Blutwurz". Günstige
Preise. – *Ru = Di.*

● **Simmershausen – Dippach** – knapp ¾ Std – Vom Dorfplatz mit
[Grünem Dreieck] auf *Mittelweg, Hirtsgasse, Ww [Heckenmühle/* MW
Mittelmühle], ger aus dem Ort heraus. *Z [Weiße 4 auf Blau]* MW
kommt dazu. Teerweg immer ger (!) (an der Bank nicht (!) abbiegen, nicht mehr den *Zeichen* folgen), an einem Schuppen vor- OM
bei. An der letzten Kehre vor der *Heckenmühle* (Bank) nach li auf
breitem Schotterweg nach *Dippach* zum *Campingplatz.*

Lahrbach – Habelstein – Günthers – Ulstertal – Rothof – Lahrbach

⬛ ⌂ △ 🏁 🅚 ⊠

Weg und Zeit – 14½ km – gut 4 Stdn.

Charakteristik – Zu den vielen Bergen der *Rhön*, die einen Besuch wert sind, gehört der *Habelsberg* mit dem *AP Habelstein* in der nördlichen *Kuppel-Rhön*. Wanderung mit weiten Aussichten über die *Hochrhön* und bis zum *Kaliberg* bei *Philippsthal*.

Anfahrt – A 7, Ausf. *Fulda-Süd* oder *-Nord*, B 27 Richtung *Fulda* bis *Petersberger Str.* Über B 458 bis *Batten*, B 278 Richtung *Tann* bis *Lahrbach*. – Bus ab *Fulda* sowie *Wüstensachsen* Ri *Tann* bis *Lahrbach*.

Parken – Beim *Gasthof-Pension Landgasthaus Kehl*.

● **Gasthof-Pension Landgasthaus Kehl** – Nur wenige Kilometer vom historischen Rhönstädtchen *Tann* entfernt. Gemütliche Gasträume. Ruhige Komfortzimmer im Gäste-Landhaus. Eine Speise- und Dessertkarte, die begeistert: Spezialitäten der Rhön, einheimische Produkte, Vollwertküche, Leckereien. Fassbier, offene Weine. Mitglied der Aktion „Rhöner Charme". Gutes Preis-Leistungsverhältnis. – *Ru = Di.*

● **Lahrbach – Haberstein – Günthers** – 2½ Stdn – Vom *Landgasthaus Kehl* auf der *Hünfelder Str* über die *Ulsterbrücke*, ca. 500 m
MA nach *Mollartshof.* Hinter dem Ortsende-Schild re ab, *[Grüner Winkel]*, Ww *[Radweg]* Ri *Habel*, nach 50 m (!) re ab Ri *Habelstein*, auf festem Weg zügig aufw (nicht abbiegen!), Z *[Grüner Tropfen]* kommt dazu. Aufw in den Laubwald, bis der markierte Weg hinter einem Büsche-Gebiet re nach oben abzweigt, z. T. schmaler, zugewachsener Pfad. Auf der Höhe kommen von li
MW die Z *[Rotes Dreieck, Schwarzes Dreieck, Roter Winkel]* dazu und führen nach re (!) zum *Habelstein* (618 m). *AP* in die *Hochrhön*. Zurück auf dem gleichen Weg bis zu den Zeichen und diesen
MW folgen. Nach ca. 500 m nach re, breiter Waldweg, *[Weiße 1 auf blauem Feld]*, bis zu einem gleichartigen Weg, der von re oben kommt, *[Rotes Dreieck]*, li (!) abw, *AP „Der freche Rockenstuhl"* mit Sendemast, in der Ferne der *Kaliberg*. Wenn der Weg den Wald verlässt, nach li, nach ca. 300 m, hinter einer Bank, re auf schmalem Grasweg hinunter zum breiten, festen Weg. Nicht (!) nach re, sondern nach li (ohne Wegeschranke) nach *Günthers*. Re zur *Brückenstr*, diese re zum

● **Hotel-Restaurant „Zur Ulsterbrücke"** – Direkt an der Ulster gelegen. Sehr gepflegte Hotelanlage mit Hallenbad, Sauna, Solarium, Liegewiese. Gemütliche, rustikale Gasträume („Saustall"!). Spezialitäten vom Rhöner Weide-Schwein, Pute und Wild aus den regionalen Wäldern. „Speckwirts" Spezialität: Hausgemachte Schinken und Wurst. Günstige Preise. – *Kein Ru.*

● **Günthers – Ulstertal – Rothof – Lahrbach** – 1½ Stdn – Am *Hotel*

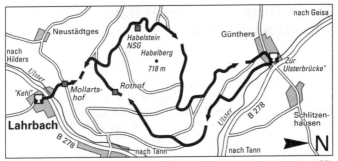

den *Fischerrain* entlang, an der Gabelung halb li entlang der *Ulster*, über eine Freifläche, zuletzt Wiesenweg, bis fast wieder an die *Ulster*. Re (Holzhütte) weiter an einem Graben (li) entlang hoch zu einem Teerweg. Li ab, *[Blaues U auf weißem Grund]*, am *MW* *Ww [Hasenmühle]* vorbei. An der Spitzkehre halb re (!) auf dem geteerten (!) Weg ca. 300 m leicht aufw. An der 1. Kehre (Bank) ger (!) auf Schotterweg aufw in die Fichtenschonung, dort in der Kehre ger aufw zu einem festen Weg, ca. 150 m. Nach li, *[Grünes MW Dreieck, Grüner Tropfen]*. Ab *Rothof* Rhön-Panorama-Genuss pur. Li am Waldrand entlang bis zur Kreuzung, hier li und zurück nach *Lahrbach*.

79

Tann – Dietgeshof – Tanner Hute – Theobaldshof – Tann

Weg und Zeit – 13 km – 3½ Stdn.

Charakteristik – Für den anfangs steileren Anstieg wird der Wanderer mit einer eindrucksvollen Panorama-Wanderung mit weiten Ausblicken in die *Rhön* und den *Thüringer Wald* belohnt.

Anfahrt – A 7, Ausf. *Fulda-Süd* oder *-Nord*, B 27 Ri *Fulda* bis *Petersberger Str*, über B 458 bis *Batten*, über B 278 nach *Tann*. – Aus Ri *Meiningen* über die L 3175. – Busse aus *Fulda* und aus *Wüstensachsen* über *Hilders* bis *Tann*.

Parken – Beim Verkehrsamt, *Am Kalkofen* in *Tann*.

● **Rhöner Museumsdorf** – Für die *Rhön* typische Gehöfte sind liebevoll eingerichtet und zeigen anschaulich das ländliche Leben der letzten 3 Jahrhunderte in der *Rhön*.

● **Gasthof „Zur Rhön"/Zobels Landmetzgerei** – Wanderfreundlicher Gasthof mit behaglichen Gästezimmern und gemütlichen Gasträumen mit zünftiger Atmosphäre. Deftige Schlemmereien wie Rhönlamm, Spießbraten, Grillgerichte, Rhönforelle, Bauernschinken und Hausmacherwurst. Rhöner Bier vom Fass (z. B. Kloster Kreuzberg!), offene Weine. Günstige Preise. – *Ru = Mi.*

● **Tann – Dietgeshof – Tanner Hute – Theobaldshof** – 2 Stdn – Die
MA   Markierungen *[Weiße 2 auf Blau und/oder Weiße 5 in Grünem Dreieck auf runder Plakette]* begleiten fast den gesamten Weg. Vom Marktplatz die *Marktstr* hinunter, vor der Kirch-/Friedhofsmauer re und gleich wieder li, li halten, in der Kehre ger und gleich re, *Am Rotenhauck,* re halten. Kräftiger Anstieg, dann ger, in einer Kehre re ab, auf schmalem Pfad aufw nach *Dietgeshof*. Weite Ausblicke! Die Autostr überqueren, durch die Gehöfte ger aufw, dann li und gleich wieder re, leicht ansteigend wird eine weite Hochfläche mit großartiger Fernsicht, die *„Tanner Hute"*, erreicht. An deren Ende über die Teerstr ger (!) Ri Wald/Hochsitz bis zur Bank. Li in den Wald. Auf einer Lichtung/Wendeplatz gleich wieder halb re in den Wald bis zur Landesstr 3175. Über-
MW   queren, Z *[Roter Winkel, Rotes Dreieck]* kommen dazu. Am Waldrand entlang (Waldameisenhügel), Wiesenweg, Teerweg,
MW   wieder mit Z *[Weiße 2 auf Blau]* auf eine kl Anhöhe mit Baum-
OM   gruppe und Bank mit Sicht in den *Thüringer Wald*. Hier *ohne Markierung* halb re (!) und nach einem Linksschwenk nach *Theobaldshof*.

● **Gasthaus-Pension „Zur schönen Aussicht"** – Behagliche Gästezimmer. Eigene Landwirtschaft und Metzgerei. Gutbürgerliche Küche mit Metzgerspezialitäten für deftige Vesper, (samstags Hausmacher Eintopf, sonntags leckere Braten). Frischgezapftes vom Fass. Mitglied der Aktion „Rhöner Charme". Sehr günstige Preise. – *Ru = Mo.*

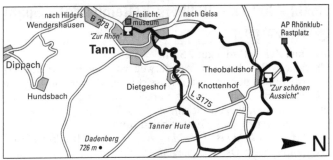

● **Theobaldshof – AP „DDR-Grenze" – Theobaldshof –** ½ Std –
Rhönbergstr re, *Dermbacher Str* und gleich wieder li, auf br Weg Ri
Wald. An der Bank halb re, dann re und wieder li auf Teerweg
zum Wald. Vor dem Waldrand „Plattenstraße" der ehemaligen
Grenzbefestigung. Li leicht aufw zum *Rhönklub-Rastplatz*. AP!
Auf gleichem Weg zurück nach *Theobaldshof*.

● **Theobaldshof – Tann –** 1 Std – Mit allen Zeichen zum Ortsaus- *MA*
gang, hier 2. Weg li durch das *Lautenbachtal*. Vor dem 1. Haus **(!)** *OM*
li **(!),** hinter den Bäumen re, AP, weiter nach *Tann* zum Marktplatz.

Spahl – Ketten – Rößberg – (Reinhards) – Spahl

◧ ⌂ ⌂ ▨ 序 ✳ ♕

Weg und Zeit – 8 km – gut 2 Stdn.

Charakteristik – Schöner Wanderweg von *Spahl* zum *Rößberg* (640 m), einem der schönsten Aussichtspunkte der *thüringischen Rhön*. Mit mäßigem, teilweise starkem Anstieg auf nicht immer gut begehbaren Wegen (Schuhwerk!), z. T. entlang der ehemaligen Staatsgrenze. Höhenunterschied rund 250 m.

Anfahrt – Von *Fulda* B 27 (*Fulda – Bad Hersfeld*), bei *Hünfeld* auf die Landstr nach Osten abbiegen und von dieser in *Morles* oder *Gotthards* nach *Spahl* abfahren. – Von *Eisenach* auf der B 84 nach Süden, bei *Buttlar* auf der B 278 bis *Motzlar*, dort abbiegen, über *Apfelbach* nach *Spahl*.

Parken – Gäste-Ⓟ beim *Gasthaus „Heile Schern"* in *Spahl* bzw. auf der Zufahrtsstr zum Gasthof.

● **Der Rundweg** – In *Spahl* die Dorfstr entlang in Ri *Ketten*, nach etwa 1 km auf einem unbefestigten Weg nach re abbiegen, im Bogen bis zum Ortseingang **Ketten**. An der Kirche vorbei durch das Dorf zum südl. Ortsausgang *(Rößberger Str)*. Von dort führt ein asphaltierter, im späteren Verlauf geschotterter Weg in Bögen leicht ansteigend in Ri *Rößberg*, dessen Holzkreuz weithin sichtbar ist. Auf diesem Weg schöne Aussicht über die *Vordere Rhön*. An Gabel (in der Nähe eines geodätischen Festpunktes (TP) am Wegesrand) endet erst einmal der Aufstieg in Ri *Rößberg*. Man folgt jetzt einem scharf nach li (!) abbiegenden befestigten Weg durch den Wald, *Ww [Gotthards – Ketten], Z [Rotes Dreieck (Geisweg), Grüner Tropfen]* bis zu einem Parkplatz mit Rastplatz an der Landstr *Gotthards – Ketten*. Von hier nach re auf einem Plattenweg entlang der ehemaligen Staatsgrenze, teils sehr stark ansteigend, auf der höchsten Stelle nach re auf einem etwas unwegsamen Wiesenpfad den restlichen (mäßigen) Anstieg zum Kreuz des **Rößberges**. Von dort herrliche Aussicht, vor allem über die *Vordere Rhön Thüringens*, aber auch in die *Hessische Rhön*. In einer teils kräftig gewellten Landschaft erkennt man zahlreiche Rhöndörfer wie *Spahl, Ketten, Geisa*. Am Horizont sind u. a. die Abraumhalden des hessischen Kali-Bergwerkes *Philippstal* zu erkennen. Unter guten atmosphärischen Bedingungen kann man von hier die *Wartburg* bei *Eisenach* und den *Großen Inselsberg* im *Thüringer Wald* sehen. Der restliche Anstieg bis zum höchsten Punkt (noch ca. 400 m auf Wiesen-Trampelpfad) bringt keinen zusätzlichen Aussichtsgewinn. Nach Norden über die Wiese erst mäßig, dann steiler abw (schließlich gestufter Weg mit Handlauf) bis zu einem Hochsitz. Von dort geht ein geschotterter Fahrweg nach re in Ri *Spahl*. Auf diesem Weg etwa 15 Min weiter, bis vor einer lang gestreckten Linkskurve eine Wiesen-Fahrspur (entlang einem Elektro-Zaun) ger direkt auf das Dorf zuführt. Zurück zur Ortsmitte und zur

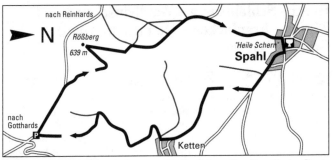

● **Fest- und Traditionsscheune „Heile Schern"** – Rustikale Gaststätte in einer ausgebauten und restaurierten Scheune, ausgesprochen originell eingerichtet (altes bäuerliches Gerät u. Ä.). Sie allein lohnt schon einen Besuch, zumal sie zusätzlich eine Bühne (Bauerntheater) und ein Heimatmuseum in sich birgt. Die Küche bietet einfache Speisen, Vesper und Spezialitäten aus der Rhön sowie vom Thüringer Metzger und aus dem eigenen Backhaus (in dem kleinen Ofenstübchen findet sich ein gemütlicher Sitzplatz). Musikveranstaltungen, Tanz und Bauerntheater sowie die musikalischen Einlagen des Wirtes mit seinem „Wunderakkordeon" (zum Mitsingen und Schunkeln) runden das Angebot dieser Gaststätte ab. Übernachtung im Bettenlager in gemütlichen Bauernzimmern ist möglich. Mittlere Preise. – *ÖZ: Geöffnet ab 17 Uhr, Sa, So und feiertags ab 14 Uhr (für Wanderer auch früher). Ru = Mo.*

● **Weitere Wanderwege** – Wem der Aufstieg zum *Rößberg* nicht zu anstrengend war, der kann den Abstieg auch über den Plattenweg (s. o.) weiter zu dem kleinen Dorf *Reinhards* wählen, von dort zur Landstr *Mittelaschenbach – Spahl* und auf dieser bis zum Ausgangspunkt der Wanderung zurück (zusätzl. 1½ Stdn.).

Geisa – Schleidsberg – Waldhäuschen – Zitters – Kranlucken – (Kohlbachsgrund) – Schleid – Geisa

🏞 🏠 📷 🎿 🎱 ❋ ❖ 🏛 🏚

Weg und Zeit – 17 km – 4½ Stdn (*Geisa – Point alpha* mit dem Auto 2½ km auf der Landstr nach *Rasdorf*)

Charakteristik – Abwechslungsreiche Wanderung in typischer Rhönlandschaft mit weiten Ausblicken und schönen Rastplätzen. Bis *Waldhäuschen* waldreich, leichte bis mittlere Anstiege, am Wegrand Rhönvegetation mit Wacholderheiden und Rhöndistel. Ab *Zitters* bequemer ebener Weg durch Bachaue und Felder sowie reizvolle Rhöndörfchen.

Anfahrt – A 7, Ausfahrt *Hünfeld/Schlitz*, nach *Hünfeld*, von da B 84 bis *Rasdorf*, dort nach *Geisa* abzweigen. – A 7 bzw. A 66/B 40 bis *Fulda-Nord*, dort auf B 27 nach *Hünfeld*, dann wie oben nach *Geisa*, dort über Stadtmitte re zur *Geisschänke*.

Parken – Gäste-Ⓟ bei *Geisschänke*. Ⓟ an *Point alpha*.

● **Gasthof Geisschänke –** Urige Gaststätte und gepflegtes Restaurant mit schönem Biergarten, Grillplatz, Spielplatz und Streichelzoo direkt am Flüsschen *Geis*. Zünftige, anheimelnde Atmosphäre, reichhaltige Speisekarte mit Steaks, Forelle und Häppchen, ideal für Wanderer. Behagliche Gästezimmer. Wirtsleute bieten Grillausflüge an. Sehr günstige Preise. – *Ru = Di nachm.*

● **Geisa – Geisaer Häuschen –** 7½ km – Am Flüsschen Ri Stadtmitte, an Kreuzung ger über *Ulsterbrücke* bis Kulturhaus, daran li vorbei bis *Schleidsbergweg,* ger über B 278, auf Feldweg aufw zum *MA Schleidsberg.* Nach 150 m *[Rotes Dreieck, mit Zahlen 2, 3].* Weiter li am Berg entlang, auf kleiner Anhöhe re, Schotterweg weiter mit *MW Ww [HWO 1]* Ri *Dermbach,* Markierung *[Rotes Dreieck].* An Nordflanke des *Schleidsbergs* vorbei zu altem *Kranluckener Sportplatz,* dort scharf li, *Ww [Geisaer Waldhäuschen, HWO 1].* Ger bis *Spielberg* (488 m), vom 1995 errichteten Holzkreuz herrlicher Blick ins *Ulstertal.* Ger 1 km bis *Frühstücksbuchenplatz,* sehr schöner Rast- und Grillplatz, ca. 50 m li abw dickste Buche der *Rhön* (Umfang etwa 6 m, Alter ca. 270 Jahre). Von da ger aufw, 1½ km zu *Geisaer Waldhäuschen,* nach Schleifung 1975 von *Rhönklub* und Helfern neu errichtet. Sehr schöner Rastplatz mit Quelle. Wanderübernachtung möglich.

● **Waldhäuschen – Zitters – Kranlucken – Schleid – Geisa –** 9½ km – Auf *[HWO 1]* zurück bis *Frühstücksbuchenplatz,* 300 m abw, an *OM Ww* scharf li abw, *ohne Markierung* 1½ km nach *Zitters.* In *Zitters* (zauberhaftes kleines Rhönörtchen) an Dorflinde und Brunnen von Hauptstr re ab in romantischen *Kohlbachsgrund,* 2 km bis zum idyllischen Rhöndorf *Kranlucken.* Ger durch den Ort, an der Kirche (1751) vorbei bis Gasthof „Goldener Stern", hier li über *Kohlbachbrücke* zur Hauptstr, nach 70 m re in *Motzlarer* Str abbie-

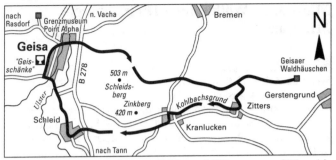

gen. In Gabelung re halten, Feld- und Wiesenweg, 2½ km bis
Schleid (größeres Rhöndorf, stattliche Barockkirche 1743–46). In
Schleid li an Kirche vorbei, *Hauptstr,* ger, auf *Alter Schleider Landstr* nach *Geisa,* dort auf 1. Anhöhe li, *Ww [Wiesenfelder Str]* abw
über Holzbrücke, re zurück zur *Geisschänke.*

- **Geisa** (280 m) – 3700 Einw., reizvoll im *Ulstertal* (*Vorderrhön*)
an der Grenze zu *Hessen* gelegen. 817 erste urkundliche Erwähnung als fuldisches Gut. Historische Sakral- und Profanbauten,
Schloss, Gangolfiberg mit *Zentgericht,* Stadtmauer, Marktbrunnen, *Heimat- und Grenzmuseum* mit Artenschutzstation, ökolog.
wertvoller Stadtwald.

- **Grenzmuseum Point alpha** – Mahn-, Gedenk- und Begegnungs-
stätte auf dem *Rasdorfer Berg* zwischen *Rasdorf* und *Geisa,* ehem.
östlichster amerikanischer Beobachtungsposten unmittelbar an
der Grenze zur ehem. DDR. Zur Erinnerung an die Spaltung
Deutschlands und die Zeiten des Kalten Krieges. Mit Original-
Grenzanlagen auf thüring. Seite (Wechselausstellungen und
Veranstaltungen zur Teilung Deutschlands, Dokumentation der
Geschichte des US-Stützpunktes). Herrlicher Ausblick vom
ehem. Beobachtungsturm ins *Ulstertal,* zu empfehlen ist auch der
Besuch des *Grenzmuseums Geisa.*

Mieswarz – Wölferbütt – Dietrichberg – Mieswarz

◪ ⌂ 🖉 🖽 ✳ ♒

Weg und Zeit – 13 bzw. 15 km – 3½ bzw. 4 Stdn (mit Abstecher zum Basaltwerk zusätzl. 1 Std).

Charakteristik – Rundwanderweg mit meist mäßigen Steigungen, großenteils durch Laubwald, mit der Möglichkeit, offen zutage tretenden Basalt zu sehen. Ein Abstecher führt zu einem in Betrieb befindlichen Werk, in dem Basalt abgebaut und verarbeitet wird.

Anfahrt – Von *Fulda* B 27 bis *Hünfeld*, dann B 84 bis *Buttlar*, von dort führt eine Landstr über *Bermbach* nach *Mieswarz*. – Von *Eisenach* B 84 bis *Buttlar*, dann weiter wie oben. – Wenig Linienbusverkehr.

Parken – Kl Gäste-Ⓟ vor dem *Landgasthaus Zimmermann*.

● **Landgasthaus Zimmermann** – Ruhig am Ortsrand gelegen. Reichhaltiges Angebot an frisch zubereiteten Speisen mit kulinarischen Spezialitäten aus der Rhöner bzw. Thüringer Küche: Schlachteplatte aus eigener Hausschlachtung sowie Wild und Forellen. Eigene Wurstwaren fürs Rucksackvesper. Kinderteller, Seniorenportionen. Von der Terrasse des Landhauses hat man einen sehr schönen Blick ins Grüne. Die Gästezimmer bieten viel Komfort und eignen sich hervorragend für die Übernachtung bei mehrtägigen Wanderungen. Günstige Preise. – *Kein Ru* (Wanderer können jederzeit klopfen!).

● **Der Rundweg** – Vom *Landgasthaus Zimmermann* auf der wenig befahrenen Landstr nach Osten, nach etwa 1 km setzt sich die Str als markierter Wanderweg *Eisenacher-Haus-Weg,* Markierung *[EH grün]* fort (ger weiter!), vorbei an einem stillgelegten Basaltwerk. Der Weg führt bald nach **Mariengart** und von dort weiter auf einer Wiesenfahrspur nach li bis **Wölferbütt**. Durch den Ort auf der *August-Herbart-Str,* an der Bushaltestelle vorbei (dort Gedenktafel für den Heimatdichter *August Herbart*). Am Ortsausgang den ger weiterlaufenden *EH-Weg* verlassen und nach li auf einen geschotterten Fahrweg in Ri *Dietrichberg* abbiegen. Nach etwa 400 m erreicht man einige isoliert stehende Wirtschaftsgebäude, wo sich der Weg nach re wendet und an einer Rastbank vorbei in Bögen leicht ansteigend um den **Dietrichberg** herumführt. Auf diesem Weg quert man bald eine asphaltierte breite Fahrstr, die nach li zur Kuppe des Berges führt, wo ein in Betrieb befindliches Basaltwerk arbeitet. Dieser Abstecher zum Gipfel (500 m) ist empfehlenswert. Von dort hat man einen herrlichen Ausblick auf die nördlich anschließende Landschaft mit dem benachbarten *Öchsenberg,* zahlreichen Basaltkuppen in einer welligen Ebene mit eingebetteten Dörfern sowie auf große Abraumhalden von Kalibergwerken. Am Horizont erkennt man die

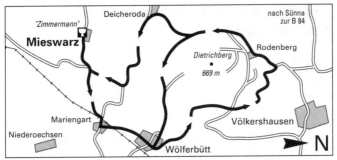

Silhouette des *Thüringer Waldes*. Verfolgt man den Waldweg weiter um den Berg herum, stößt man bei der kleinen Siedlung *Rodenberg* auf den markierten *Hauptwanderweg Süd-Nord [HSN, MA Grüner Winkel].* Das ist ein gut begehbarer, schmaler Fahrweg (meist geschottert), der durch Laubwald weiter um den Berg herumführt. Um zum Ausgangspunkt zurückzukommen, bieten sich nun nach etwa 1½ km zwei Möglichkeiten:

1) Entweder dem jetzt schräg nach re abbiegenden *HSN-Weg*, Markierung *[Grüner Winkel]*, bis **Deicheroda** folgen. Im Ort li auf einen Wanderweg abbiegen, der am *Sattelsberg* vorbei über **Masbach** nach **Mieswarz** führt (gesamte Gehzeit 3½ Stdn).

2) Statt abzubiegen, kann man auch auf dem Waldfahrweg abw nach **Wölferbütt** und von dort auf dem Anfangsstück des Wege zurück nach **Mieswarz** gehen (gesamte Gehzeit 4 Stdn).

● **Weiterer Wanderweg** – Auf der Str nach *Mariengart* (s. o.) nach etwa 1 km vor einer kleinen Brücke auf den *EH-Weg* nach re abbiegen (*Ww* gibt mehrere Richtungen an) und auf dem markierten Wanderweg, *[EH, grün]*, um den *Arzberg* herumwandern (Ri *Otzbach*, Ri *Unterhöfe*, *Arzberg*, *Mieswarz*). Besonders zu empfehlen während der Blütezeit im März/April (Achtung: NSG, bitte Wege nicht verlassen!).

Bad Salzungen – Ruine Frankenstein – Stadtrundgang

⬜ ◧ ◩ ◫ ▦ ⛪ ▥

Weg und Zeit – 9 km – 3 Stdn.

Charakteristik – Leicht an- und absteigende Waldwanderung am Stadtrand, dann Rundgang durch die Innenstadt.

Anfahrt – B 19 *Eisenach – Meiningen* bis *Barchfeld*, dann B 62. – Von *Fulda* B 27 bis *Hünfeld*, B 84 Ri *Eisenach* bis *Vacha*, dann B 62. – Mit Bahn oder Bus bis *Bhf Bad Salzungen*. Von da etwa 150 m über Bahnübergang und re bis *Gradierwerk*.

Parken – *Goetheplatz, Werrastr* oder *Nappenplatz*.

● **Bad Salzungen** – Ca. 20 000 Einw. Die Kreisstadt des Wartburgkreises zwischen *Rhön* und *Thüringer Wald* ist über 1200 Jahre alt. Heute Kurstadt, seit 1921 Sole-Heilbad, „Bad der starken Sole" (natürliche Quellen mit 1- bis 27-prozentiger Sole). Sehenswert: Das *Gradierwerk* – ehem. Anlage zur Salzgewinnung, ab 1796 entstanden. Schrittweise erweitert mit Musikpavillon, Trinkhalle und Garten. 1988–1994 umfangreiche Rekonstruktion, neues Kurmittelhaus im Bau.

● **Gradier-Café König** – Im Gradierwerk, historisches Ambiente mit Blick auf den Gradiergarten. Tageskarte mit Thüringer Spezialitäten, Gradierwerk-Omelette, am Wochenende Thüringer Klöße. Leckere Torten und Kuchen. Jeden Donnerstag Live-Musik. – *Ru = Mo.*

● **Gradierwerk – Ruine Frankenstein – Innenstadt** – 2 Stdn – Mit *Gradierwerk* im Rücken li an Bahnlinie entlang, vorbei an Kurverwaltung, über *Kreuzung* in kl *Lindenallee/Park* einbiegen, **MA** *[Gelber Punkt auf weißem Spiegel]*. Über *Werrabrücke* und *Haadwiesen* bis Str *Am Mühlberg,* re aufw bis Linkskurve. Hier re auf Fußpfad, durch schönen Mischwald, Pfad mündet in Str *Am Lin-* **MW** *denberg* im OT *Kloster, [Gelber Balken].* Ger abw bis *Hauptstr,* die-**MW** se li 100 m entlang, re auf Str, *Ww [Am Frankenstein]. [Grünem Punkt]* folgend aufw, an Gabel re, nächste Weggabel li bis *Kunstruine Frankenstein* (vor 100 Jahren errichtet bei ehem. Burg der *Herren von Frankenstein,* schöner AP). Gleichen Weg zurück bis Weggabel, li auf Fußpfad abw bis *Hauptstr,* dieser li folgen, über *Werrabrücke,* bis Kreuzung *Eisenacher Str – Aug.-Bebel-Str.* Von hier li 70 m bis zum *Stadtmuseum Türmchen.* Von da *Aug.-Bebel-Str* stadteinwärts, an *Kapelle St. Wendel* (1486) vorbei, an *Eckardtstr* re in *Lindentor* bis *Vordere Teichgasse.* Hier li in *Gartenstr* zum Stadtteil *Silge.*

● **Stadtrundgang** – 1 Std – Von *Silge* (ältester Stadtteil, in dem die Salzsieder wohnten) aufw auf *Nappenplatz* (heute Ⓟ, früher Standort der Siedepfannen, aus denen die sog. Pfänner Salz gewannen). Über *Steinweg, Michaelisstr* zum *Markt* mit Rathaus (1790 in jetziger Form), re daneben *Café Bein* (Wohnhaus des

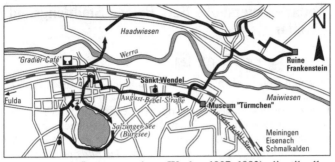

Dichters und Sagensammlers *Wucke*, 1807–1883), li stilvolles Haus. Am *Marktbrunnen* vorbei re oben *Haunscher Hof,* eines der ältesten erhaltenen Gebäude der Stadt, 1624 im Renaissancestil verschönert. Durch *Seepforte* an *Pension Mäurer* vorbei (am Haus Relief zur Salzherstellung) zu *Burgsee* (durch Salzauslaugung entstandener Einbruchsee, 10,33 ha groß, Umfang 1,15 km, im Sommer künstliche Fontäne). Am See li entlang auf schönem Promenadenweg (li Reste der Stadtmauer), an Stadtvillen und *Asklepios-Parkklinik* vorbei bis Bootsanlegestelle vor *Asklepios-Burgseeklinik.* Dort li auf *Burgstr* am Rand des *Rathenau-Parkes* entlang (50 m ger *Wucke-Denkmal*) aufw. An Kreuzung li *kath. Kirche St. Andreas* (1923, Neubarock), am alten *Landratsamt* (heute Medienzentrum, Sitz der Lokalzeitung stz) vorbei bis Kreuzung. Hier re durch *Ratsstr* bis *Kirchplatz* mit *Stadtkirche* (1791, mit weithin sichtbarer achteckiger Turmhaube, Sauer-Orgel) und *Schnepfenburg,* heute Amtsgericht. Vom *Kirchplatz* li in *Entleich,* hinab bis Kreuzung, dort li in *Pestalozzistr* zu *erster Stadtschule* (Klinkerbau, 1886 als Bürgerschule im Stil der Gründerzeit erbaut). An dieser re vorbei durch *Schulstr* bis *Kinderklinik Charlottenhall* (1897, hennebergischer Fachwerkbau, Finanzierung ermöglichte *Herzogin Charlotte v. Sachsen-Meiningen*). *Mathilde-Wurm-Str* abw, an *Salzunger Hof* vorbei bis *Bahnhof* und re zurück zum *Gradierwerk.*

Weilar – Baiershof – Berg Baier – Stadtlengsfeld – Weilar

Weg und Zeit – 12 km – 3½ Stdn (Aufstieg zum Baier zusätzl. 2½ km – ¾ Std).

Charakteristik – Abwechslungsreicher Weg in schöner Rhönlandschaft. Im 1. Teil meist mittlere bis starke Anstiege, zum *Baier* (Gipfel bewaldet) sehr steiler Anstieg. Dann geruhsamer Weg über *Stadtlengsfeld* zurück nach *Weilar*. Der *Baier* ist *NSG* (Biosphärenreservat), dort bitte Wege nicht verlassen.

Anfahrt – Von *Fulda* Landstr Ri *Tann*, vor *Tann* re nach *Theobaldshof* – *Zella* – *Dermbach* abfahren, bei *Zella* auf B 285 Ri *Stadtlengsfeld-Dermbach* bis *Weilar*. – Von *Bad Salzungen* B 62 bis *Hämbach*, dort li abzweigen auf Landstr nach *Stadtlengsfeld*. Dort auf B 285 Ri *Dermbach* bis *Weilar*. (Ausgangspunkt *„Rhöngaststätte Landhotel Kellerhaus"* direkt an B 285!). – Auch gute Busanbindung (Haltestelle direkt an *Kellerhaus*!) aus *Bad Salzungen, Eisenach, Vacha* bzw. *Dermbach, Kaltennordheim*.

Parken – Gäste-🅿 an *Rhöngaststätte Landhotel Kellerhaus*.

● **Rhöngaststätte Landhotel Kellerhaus** – Anheimelndes, familiär geführtes Hotel u. Gaststätte in historischem Gebäude. Zimmer in ländlichem Stil, teils mit Balkon in neuem Anbau. Idyllische Terrasse, gemütliche Kaminzimmer. Alle Speisen frisch zubereitet, Grillspezialitäten, Hausmacher Wurst aus eigener Schlachtung. Selbst gebackener Kuchen. Günstige Preise. – *Ru = Mo.*

● **Weilar – Baiershof** – 1¼ Stdn – An *Kellerhaus* B 285 überqueren, nach 50 m re zu Parkplatzrand. Dort beginnt der *„Rhön-Paulus-Weg"* des *Rhönklubs* (84 km lang durch *thüring. Rhön,* benannt nach dem 1736 in *Weilar* geb. *Karl Paulus*, dem „Robin Hood" der *Rhön,* der als Schmuggler, Räuber und Vagabund armen Leuten half). Markierung *[Grünes halboffenes Dreieck].* Z folgend aufw, an Ortsende Weggabelung, dort li durch Felder und Streuobstwiesen, vorbei an schönem Rastplatz in den Wald. Auf Waldweg weiter aufw bis *Baiersiese,* re am Waldrand entlang bis zu *„Wanderhütten am Baier"* (ehem. Ferienlager). Dort auf Schotterweg li zu 300 m entferntem *Baiershof* (schön saniertes Fachwerkhaus, erbaut 1746), herrlicher Blick auf die *Rhön.*

MA

● **Aufstieg zum Baier** – Gegenüber *Baiershof* über Wiesenpfad aufw, in Wald hinein, weiter auf Waldweg, später Pfad, sehr steil aufw zum Gipfel des imposanten, bis zum Gipfel bewaldeten, sagenumwobenen *Baier* (714 m) mit keltischer Ringwallanlage (keine Rundsicht möglich). *NSG.* Gleichen Weg zurück bis *Baiershof.*

● **Baiershof – Stadtlengsfeld – Weilar** – 1½ Stdn – Von *Baiershof* mit *[Rotem offenem Tropfen]* an Wanderhütten re vorbei auf befestigtem Weg bis zum Rastplatz *„Fischbacherlinde"* (letzter Zeu-

MW

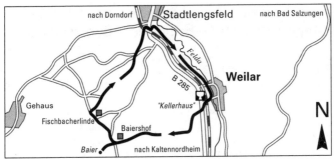

ge des ehem. Dorfes *Fischbach*, im 15. Jh. als Wüstung erwähnt, als „Unterschlupf für Wilderer, Salzschmuggler und andere Gesetzlose" bekannt). An *Ww [Baier, Hohenwart]* re abbiegen. An Weggabelung mit *Ww [Baier, Stadtlengsfeld]* befestigten Weg nach li auf Waldweg verlassen, nach 25 m nächste Gabelung nach li steil abw (!). Waldweg mündet in Schotterweg, diesen weiter am Waldrand an Streuobstwiesen vorbei abw, B 285 queren, 50 m auf B 285, dann li auf Feldweg über Bahngleise zum Sportplatz von *Stadtlengsfeld*.

● **Stadtlengsfeld** – Stadt mit 3000 Einw. im *Feldatal*. Stadtkirche (1791, mit 400 Jahre altem Taufstein), Amtsgerichtsgebäude, ehem. Schloss der *Grafen zu Boineburg* (heute Reha-Klinik), ausgedehnte Parkanlagen, Kunstwerke.

● **Stadtlengsfeld – Weilar** – ¾ Std – Am Sportplatz auf Radweg re, durch Wiesen entlang *Feldabahn* und *Felda* bis *Weilar*. Im Ort li über Brücke auf Asphaltstr, von dieser nach 50 m re auf Parkweg abbiegen, durch alten Park, vorbei an teilweise restauriertem Sarkophag der *Grafen zu Boineburg* bis zu asphaltierter Dorfstr. Re halten, li an *Brückenmühle* (noch in Betrieb!) vorbei über *Felda* und Bahngleise zum *„Kellerhaus"*.

● **Weilar** – Prägnantes Rhöndorf mit sehenswerter Kirche und Schloss der *Grafen zu Boineburg* mit Gruft (erstmals urkundl. erwähnt 1450, heute Seniorenheim).

Bernshausen – Bernshäuser Kutte – Stopfels-kuppe – Pleßberg – Schönsee – Bernshausen

Weg und Zeit – 7 km – 2 Stdn (Verlängerung *Pleßberg* zusätzl. 1½ Stdn).

Charakteristik – Rundweg in ländlichem Gebiet, überwiegend durch Wald, vorbei an 2 sehr schönen Naturseen und durch Naturschutzgebiete, im 1. Teil steiler Anstieg, im 2. Teil steiler Abstieg, bei Verlängerung zum *Pleßberg* gute Rundsicht. Lange Strecken ohne Markierung (zu DDR-Zeiten waren *Pleßberg* und *Schönsee* militärisches Sperrgebiet). *Bernshäuser Kutte* und Gipfel der *Stopfelskuppe* sind *NSG*, dort bitte Wege nicht verlassen.

Anfahrt – Von *Fulda* Landstr Ri *Tann*, vor *Tann* re nach *Theobalds-hof – Zella – Dermbach* abfahren, bei *Zella* auf B 285 Ri *Stadtlengs-feld – Dermbach*, hinter *Dermbach* vor *Hartschwinden* re abzwei-gen auf Landstr Ri *Bad Salzungen – Urnshausen*, in *Urnshausen* re nach *Bernshausen [Ww]*. – Von *Bad Salzungen* gleiche Landstr über *Langenfeld* bis *Urnshausen*, dort li abzweigen nach *Berns-hausen [Ww]*. *Landhotel „Zur grünen Kutte"* ist ausgeschildert.

Parken – Gäste-Ⓟ am *Landhotel „Zur grünen Kutte"*.

● **Landhotel „Zur grünen Kutte"** – Ruhig gelegene, typische Rhö-ner Gaststätte und Landhotel in schmuckem, denkmalgeschütz-tem Fachwerkhaus, seit 1864 in Familienbesitz. Gästezimmer in wohnlichem Bauernstil eingerichtet. Sauna, Liegewiese. Grill-platz. Auf Speisekarte „Kuttenspezialitäten", Steaks, Salate, Ves-perangebot. Alle Preislagen. – *Ru = Do.*

● **Bernshausen – Kutte** – ¼ Std – Vom *Landhotel „Zur grünen Kut-te"* re auf Dorfstr, an Abbiegung re, *[Rotes Dreieck]*, bis Ortsaus-gang zu alter Eiche mit Sitzbank. Mit *[Grünem Tropfen]* li auf Landstr Ri *Rossdorf,* ger bis Kurve, dort li an Ⓟ und Schranke vorbei zur *Bernshäuser Kutte*.

MA
MW

● **Bernshäuser Kutte** – Der fast kreisrunde Einbruchsee mit 4,85 ha Wasserfläche ist bis zu 45 m tief. Seit 1942 NSG. Zu emp-fehlen ist der Rundweg am romantischen Ufer entlang.

● **Kutte – Stopfelskuppe – Schönsee** – Auf Wiesenweg li, entlang der *Kutte* an alten Eichen vorbei ger aufw, *[Grüner Tropfen],* bis Waldanfang und *Ww*. Dort li in Wald, immer ger steil aufw, Weg überqueren, etwas li weiter steil aufw durch Farnenhain Ri Kup-pe, an Basaltblöcken „*Steinernes Meer"* vorbei. Zum Gipfel (620 m): an Weggabelung mit Schild *[NSG]* ger 300 m weiter bis zu schönem AP (Bänke) mit Blick auf Berge und Täler der *Rhön,* dann Fußpfad bis zum Gipfel. Gleichen Weg (etwa 300 Meter) zurück bis Weggabelung. Dort von oben kommend scharf re (!), ger abw bis Weggabelung. Weiter ger bis Kreuzung, ger abw bis zu nächster Kreuzung, dort re zu Kreuzung mit Sitzgruppe, hier li steil abw („Himmelsleiter") bis *Schönsee.*

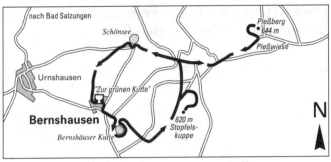

● **Verlängerung Pleßberg** – Von Kreuzung mit Sitzgruppe re, ger MW bis Kreuzung, dort Hauptweg li aufw, Markierung *[Grünes Drei-eck]* folgend über *Kleine Pleßwiese* bis *Ww* an *Pleßwiese*. Dort 500 m zum Gipfel (644 m) scharf li auf Betonplattenweg (re eingezäuntes ehemaliges militärisches Objekt). Auf Gipfel herrliche Rundsicht auf *Rhön* und *Thüringer Wald,* Rhönklubschutzhütte. Gleichen Weg zurück bis Kreuzung mit Sitzgruppe, ger steil abw („Himmelsleiter") zum *Schönsee.*

● **Schönsee – Bernshausen** – Von der „Himmelsleiter" bis zu schönem Rundweg oberhalb des *Schönsees* (Erdfallsee, beliebter klarer Natur-Badesee mit guter Infrastruktur und Freizeitmöglichkeiten, 2,1 ha groß). Weiter auf Rundweg li entlang bis Ende großer See, dort li aufw, *[Grüner Tropfen, Grünes Dreieck],* bis Querweg. Da re, an Kreuzung ger bis Querweg. Weiter ger aus dem Wald heraus ins Dorf *Bernshausen* zum *Landhotel „Zur grünen Kutte"* (ist ausgeschildert).

● **Bernshausen** – Kleines Dörfchen (200 Einw.), das idyllisch und ruhig in einem reizvollen Hochtal der *Vorderrhön* liegt, umgeben von *Stopfelskuppe, Sandberg* (590 m) und *Horn* (575 m). Ortsteil von *Urnshausen* mit sehenswerter Backsteinkirche.

Rosa – Helmers – Ruine Frankenburg – Rosabachtal – Georgenzell – Rosa

Weg und Zeit – 10 km – 2½ Stdn (mit *Burgruine Frankenberg* zusätzl. 2 km – ½ Std)

Charakteristik – Sehr schöne Wanderung durch Mischwald und idyllische kleine Dörfer. Zu Beginn etwas ansteigend, meist aber ebenmäßiger Verlauf. Oftmals schöne Ausblicke. Sehr steiler kurzer Anstieg zur *Burgruine Frankenberg*.

Anfahrt – Von *Fulda* über *Tann, Zella*, B 285 Ri *Dermbach*, in *Dermbach* re auf Landstr Ri *Schmalkalden* nach *Rosa*. – Von *Bad Salzungen/Meiningen* B 19 bis *Wernshausen*, dort auf Landstr Ri *Dermbach* bis *Rosa*. In Ortsmitte *Rosa* Ww [*Ponde Rosa*] folgen. – Mit dem Zug von *Eisenach/Bad Salzungen* oder *Meiningen* bis *Wernshausen*, dort umsteigen auf Bus bis *Rosa*.

Parken – Gäste-Ⓟ am *Landgasthof „Ponde Rosa".*

● **Landgasthof „Ponde Rosa"** – „Western-Court-Park", Freizeitpark für Kinder, Wanderer und Reiter. 9 Blockhäuser und Saloon originalgetreu nach „Bonanza" eingerichtet, Indianerdorf mit Wigwams. Streichelzoo, anglerfreundl. Teichanlage. Reitplatz, Reitbewegungshalle (Western Quarter Horses, original Morgan Horses mit eigener Zucht im Gestüt). Fitnesspfad. Gästezimmer mit naturbelassenen Holzmöbeln, Tagungsräume. Restaurant, Biergarten, Kaffeeterrasse, Westernsaloon, „Carson City Music Hall" mit 500 Plätzen in lateinamerik. Haziendastil. Vielseitige Küche, Westernspezialitäten, regionale Gerichte. Alle Preislagen. – *Ru = Mo (nur im Winter).*

● **Rosa/Ponde Rosa – Helmers – Ruine Frankenburg** – 1½ Stdn – Abw bis Landstr, diese queren, ger aufw auf asphaltierter Str, an Weggabel mit *Ww* auf Schotterweg weiter ger Ri *Zillbach*, an Kreuzung mit [*Grünem Dreieck*] weiter ger auf ebener Strecke. An nächster Weggabel ger aufw bis Anhöhe mit Sitzgruppe „*Fischerslinde".* Dort li an Waldrand vorbei in den Wald, an Kreuzung weiter ger. Leicht aufw bis Kreuzung, mit [*Rotem Dreieck, HWO 1*] weiter ger. An Weggabel [*HWO 1*] nach li abw verlassen (!), ger abw bis Landstr vor *Helmers*. Auf Landstr bis Ortsmitte *Helmers*. Hier li in *Kirchstr,* an Kirche vorbei bis Ortsende, dort li (!) auf Wiesenweg steil aufw, an Sitzgruppe (schöne Aussicht) vorbei bis zur *Ruine Frankenburg* (ehemal. Raubritterburg). Auf gleichem Weg zurück nach *Helmers* und zum *Gasthaus „Weißer Hirsch".*

● **Gasthaus „Weißer Hirsch"** – Traditionsreicher, typischer Dorfgasthof, seit 100 Jahren in Familienbesitz, in hübschem Fachwerkhaus. Eigene Metzgerei. Thür. Wurstspezialitäten, Vesperteller, Schlachteplatte, Thür. Klöße. Heimisches Bier vom Fass. Sehr günstige Preise. – *Ru = Di.*

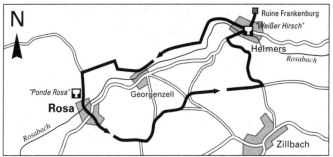

● **Helmers – Rosabachtal – Georgenzell – Ponde Rosa** – 1 Std –
An *Weißem Hirsch* re vorbei aufw, an Weggabel li aufw, *[Grünes* **MW**
Dreieck], auf Wiesenweg, später Waldweg bis *Georgenzell* (durch
ein Kloster im 13. Jh. entstanden). Durch den Ort bis *Ww [Un-*
lust], dort re mit *[Rotem Dreieck, HWO 1],* 100 m aufw, dann li **MW**
und an Gabelung re, in Waldweg **(!)**. Weiter auf *[HWO 1]* über
Wiesen und Felder (herrlicher Rundblick) bis oberhalb der *Pon-*
de Rosa. Li abw und zurück zum *Western-Court-Park „Ponde*
Rosa".

Dermbach – Gläserberg – Neidhartshausen – Ibengarten – Dermbach

⊠ △ ▨ ⬔ ⊞ ※ ▨ 🏛

Weg und Zeit – 16 km – 4 Stdn.

Charakteristik – Eindrucksvolle Wanderung auf gut markierten Wegen mit schönen AP und Sehenswürdigkeiten.

Anfahrt – Von *Fulda* Landstr Ri *Tann*, vor *Tann* re nach *Theobaldshof – Zella – Dermbach,* bei *Zella* auf B 285 bis *Dermbach.* – Von *Bad Salzungen* B 62 bis *Hämbach,* dort li auf Landstr über *Stadtlengsfeld* nach *Dermbach.*

Parken – Gäste-Ⓟ am *Hotel-Gaststätte „Zum Rhönpaulus".*

● **Hotel-Gaststätte „Zum Rhönpaulus"** – Behagliche Komfortzimmer, rustikale Garäume im Rhöner Stil, hübsche Zirbelstube, Terrasse. Schmackhaft zubereitete einheimische Küche mit Rhöner und Thüringer Spezialitäten, Spanferkel, tägl. Original Thüringer Klöße. Kinderteller. Gepflegte Weine, einheimische Biere. Sehr günstige Preise. – *Kein Ru.*

● **Dermbach – Gläserberg – Föhlritz – Zella – Neidhartshausen** – gut 2 Stdn – Vom Ⓟ B 285 queren, gegenüber auf *Thälmannstr* aufw bis Containerstellplatz, dort li in *Schützenstr* aufw zur *Fatima-Kapelle* (kath. Marienkapelle). Oberhalb der Kapelle Markierung *[Voller grüner Tropfen], Ww [Hirtentränke]* folgend durch Wald bis *Pavillon Staudtblick* (schöne Sicht ins *Feldatal* und bis zum *Thür. Wald*). Markierung folgend steil aufw über *Dermbacher Hut* zur *Hirtentränke* (Rastplatz, 1772). Dort *Ww [Gläser], [Dermbacher Hütte]* folgen, an Weggabel li, kurz darauf re (!), steil aufw über Weide zur *Dermbacher Hütte* (sonntags vom *Rhönklub* bewirtschaftet) auf dem *Gläserberg,* phantastischer Panoramablick! Von da Feldweg li abw, *[Offenes rotes Dreieck], Ww [Dermbach],* li, nach 100 m Weggabel re (!) auf Pfad nach *Föhlritz.* Weiter abw nach *Brunnhartshausen* auf der wenig befahrenen Verbindungsstr. Am *Ortseingang/Friedhof* li auf Feldweg Ri *Zella.* – Vor *Zella* re lohnender Abstecher zur *Barockkirche* (1732 als Benediktinerkloster erbaute Probstei). – Weiter auf Feldweg (li halten) nach *Neidhartshausen,* nach Bahnunterführung B 285 queren, *Dorfstr* bis zu *Hauptstr,* re an Fachwerkhäusern entlang zum

● **Gasthaus „Zur Rhön"** – Ruhig gelegenes Gasthaus mit behaglichen Gästezimmern, seit 80 Jahren in Familienbesitz. Gerichte frisch nach der Saison, Thüringer Hausmannskost. Spezialität: Rostbrätel mit Bauernbrot. Auch Forellen, Vesper. Kinderportionen. Gepflegte Rhöner Biere, offene Weine. Sehr günstige Preise. – *Ru = Di.*

● **Neidhartshausen – Ibengarten – Dermbach** – knapp 2 Stdn – Vom *Gasthaus „Zur Rhön"* Hauptstr 100 m zurück, re Durchgang zu *Backhaus,* von da über Feldabrücke li aufw, *Ww [Ibengarten 2 km].* Weiter li auf Feldweg durch Wiesen in Mischwald. Aufw

Margin labels: MA, MW

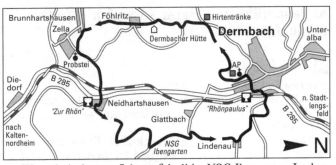

bis Weggabel, dort an Schautafeln li in *NSG Ibengarten*. In dem 57,8 ha gr *NSG* befindet sich einer der größten und ältesten natürl. Eibenbestände Europas (etwa 370 Eiben, teils 500–600 Jahre alt, bis zu 15 m hoch). Mit *[Vollem grünem Dreieck]* weiter zu *NSG MW Kuhrasen* (typische Wacholderheide u. Magerrasen) mit Rastplatz. Weg abw Ri *Glattbach* bis Weggabel, da zunächst re, 150 m weiter li, *Ww [Lindenau 1 km]*. Durch Felder und Wiesen nach *Lindenau*, dort li auf Dorfstr, dann li auf Ortsverbindungsstr, über alte *Feldabrücke* zur Landstr. Dieser Ri *Dermbach* folgen, nach 50 m re mit Markierung auf Wiesenweg nach *Dermbach* bis zur B 285 und li zum *Hotel-Gaststätte „Zum Rhönpaulus"*.

Kaltennordheim – Hardt – Umpfen – Kaltennordheim

▨ ◹ ⬚ ⊞ ⬚

Weg und Zeit – 15 km – 4 Stdn.

Charakteristik – Schöne Wegstrecken durch Waldpassagen und auf freier Höhe mit mäßigen Anstiegen und weiten Ausblicken in die *Thüringische* und *Hessische Rhön.*

Anfahrt – A 4, Ausf. *Friedewald* über B 62 bis *Vacha,* über B 84 bis *Dorndorf.* – A 4, Ausf. *Eisenach,* B 84 bis *Dorndorf.* B 285 über *Stadtlengsfeld* bis *Kaltennordheim.* – Aus *Fulda* bis *Tann,* über L 3175 Ri *Meiningen* bis B 285. – B 19 *Bad Neustadt – Meiningen* bis *Mellrichstadt,* B 285 über *Fladungen* nach *Kaltennordheim.* – Bahnstation in *Kaltennordheim.*

Parken – Ⓟ beim *Landgasthof-Pension „Schützenhaus",* 300 m außerhalb des Ortes an der B 285 Ri *Diedorf.*

● **Landgasthof-Pension „Schützenhaus"** – Ruhige Lage. Rustikale einfache Gästezimmer, neu eingerichteter, gemütlicher Gastraum. Herrliche Gartenterrasse. Spezialität: Rhöner Sauerbraten, Hausmacher Klöße, Wild, Kartoffelpuffer. Auch Vesper und kl Gerichte. Kinder- u. Seniorenteller. Bier vom Fass und „Rhöner Tröpfchen". Sehr günstige Preise. – *Ru = Mo.*

● **Kaltennordheim – Hardt – Umpfen** – 2¾ Stdn – Die Zufahrt hinab zur B 285 und li, nach 150 m re und nach 50 m wieder re, *Ww [Radweg],* über die *Felda* und zwischen Bahndamm und Flüsschen Ri *Kaltennordheim.* Am Bahnhof ger auf dem Fußweg über die Holzbrücke bis zur Fußgängerbrücke, re über die *Felda.* Dann li am Bach entlang Ri Kirche *(Feldastr* und li in die *August-Bebel-Str).* Hinter der Kirche li Ri *Kaltenlengsfeld,* über *Kirchstr, Meininger Str* zum Rathaus, Schloss mit Amtshof und 500-jähriger Linde, Heimatmuseum, bis zum Ortsende. Nach 100 m (hinter den MA Zäunen) re aufw zur *Hardt.* Oben li, dann ger (!) aufw an Bank vorbei, AP, zur Höhe bis Kieferngruppe und Bank mit *[Rotem Dreieck].* Ger weiter zu schönem Rastplatz (von re kommt der *RWW Rhönwanderweg* dazu), weiter ger, über die Str, in den MW Wald. Hinter Lichtung li, jetzt mit *Z [Grüner Balken auf weiß].* An der 6-Wege-Kreuzung 1. Weg scharf li (!) abw zur Str. Diese re Ri *Kaltenlengsfeld.* Nach ca. 700 m (hinter dem Wald) li ab und auf breitem Weg aufw bis zum Wasserhäuschen (Rastplatz), ger wei- MW ter aufw, *[Roter Balken auf weiß],* auf freier Höhe, dann am Waldrand entlang bis Waldende. Hier re und gleich wieder li aufw zur

● **Ski- und Wanderhütte „Rhön Brise"** – Auf dem *Umpfen,* 20 m unterhalb des Gipfels, herrlicher Weitblick. Je ein 10-Bett- und 6-Bett-Zimmer. Gemütlicher Gastraum, überdachte Terrasse. Gutbürgerliche Küche mit Thür. Spezialitäten, Deftiges aus der Pfanne, Rhöner Vesper, Salate und kl Gerichte. Sonn- und feiertags hausgem. Thüringer Klöße. Sehr günstige Preise. – *Ru = Mo.*

- **Umpfen – Kaltennordheim** – 1¼ Stdn – Mit dem *Z [Roter Balken auf weiß]* aufw zum *Umpfen*, re am Sendemast vorbei. An der 1. Wegegabelung li, breiter Waldweg, jetzt mit neuem *Z [Grünes MW Dreieck]*, über eine kl Hochfläche, in den Laubwald. Hinter der Schranke re abw, *Ww [Buchenhain, Kaltennordheim]*, über eine Wiese bis zu Rasthütte und Rastplatz des *Andreas-Fack-Chores*. Hier nicht li (!), sondern vor der Hütte re und gleich wieder li, *[Grüner Balken auf weiß]*, und 1. Abzweig wieder re, ger abw bis MW auf einen *Naturlehrpfad* (Bank u. Tafel), scharf li, weiter hinunter, über die Eisenbahn- und Feldabrücke zur B 285 und zurück zum *„Schützenhaus"*.

Neidhardskopf – Hohe Geba – Hohe Löhr – Diesburg – Hohe Löhr – Geba – Neidhardskopf

◤ ⌂ ✳ ✜ ⑃

Weg und Zeit – 16 km – 4¼ Stdn.

Charakteristik – Eine traumhaft schöne *Rhön-Höhenwanderung* ohne wesentliche Anstiege, aber mit grandiosen Weitsichten. Die *Thüringische Rhön* wird zu Recht „das Land der offenen Fernen" genannt. Man genießt Ausblicke auf die *Hohe Rhön,* das *Grabfeld* und über den *Dolmar* hinaus bis auf den Kamm des *Thüringer Gebirges.* Die *Hohe Geba* ist der höchste Berg der nordöstlichen *Vorderrhön* (751 m). Auf dem Höhen-Wanderweg herrliche rhöntypische Natur: Kuppen, Matten, windzerzauste Sträucher und Hecken (Hagebutte, Wachholder). Silberdisteln, Blumen (Orchideen) und Kräuter. Schafbeweidung. Die Wanderwege sind vorbildlich markiert.

Anfahrt – Über die B 285 bis *Reichenau,* Ri *Erbenhausen – Meiningen* bis *Helmershausen,* Abzweig nach *Geba – Neidhardskopf.* – Über B 19 bis *Meiningen,* über L 2621 durch *Herpf* durch, Ri *Stepfershausen,* li ab über *St. Träbes* zum *„Neidhardskopf".*

Parken – Gr Ⓟ beim *Berggasthof „Neidhardskopf".*

● **Berggasthof „Neidhardskopf"** – Ein liebevoll eingerichtetes Haus abseits vom Verkehr, mit herrlichem Ausblick, Terrasse. Seit 1996 unter neuer Leitung. Behagliche Gästezimmer, gemütlicher Gastraum. Gutbürgerliche Küche, Thüringer Spezialitäten, Grillplatte, deftige Brotzeit, vegetarische Gerichte. Bier vom Fass und offene Weine. Günstige Preise. – *Kein Ru.*

● **Neidhardskopf – Hohe Geba – Geba** – 1 Std – Die Wanderung beginnt bereits auf der Höhe (721 m), vom Haus li die Teerstr zur Hauptstr. Überqueren und den breiten Schotter-, später Wiesenweg immer ger. Auch am Waldende ger am Wiesen-/Feldrand (parallel zur Hochleitung) re an der Böschung entlang

MA bis zum Querweg/Hochleitungsmast, Z *[Grünes Dreieck].* Weg überqueren, gleiche Ri weiter zum *Ww* und Ri *Geba-Gipfel.* Re an den Gebäuderesten/Ruinen (ehemaliges sowjetisches Sperrgebiet) zur *Meininger Hütte.* Eine sehr schöne, vom *Rhönklub* erstellte komfortable Rastplatzanlage mit herrlicher Rundsicht! *AP.* Li ab geht es nach *Geba* auf bequemem Weg über eine weite Wiesenhochfläche *(Rhön* soweit das Auge reicht!), ab Kurve ger (!) auf br Grasweg zum Ort. An der *Dorfstr* re ab, *Kirchweg* re ab, Beginn des Höhenweges.

MW ● **Geba – Hohe Löhr – Diesburg** – 1 Std – Mit den Z *[Rotes Dreieck]* sowie *[Roter Balken auf weiß]* hinter dem Kirchlein li ab, Ri *Aschenhausen, Ww,* auf bequemem Weg, der Wanderfüße verwöhnt, den Bergrücken entlang (Fernsicht), durch eine Schonung zur Schutzhütte *Rhönfrieden.* Ger weiter über typische Rhönwiesen mit Sträuchern und Hecken, zur *Hohen Löhr.* Herr-

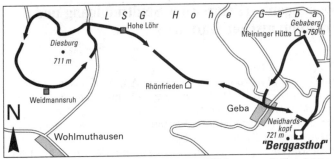

liche Natur und herrliches Panorama. Weiter zur Schutzhütte am Wald unterhalb des Berges *Diesburg*. Ein (mühseliger) Aufstieg zum Gipfel lohnt sich kaum.

● **Rund um den Berg Diesburg** – 1 Std – An der Schutzhütte ger auf schönem br Weg in den Wald und durch den Wald hindurch bis zum Rastplatz am Waldrand mit Ausblick auf *Aschenhausen*. Ger und am Ende des li Waldrandes li (**!**) und dann gleich wieder re in den Wald. Nur noch Z *[Roter Balken auf weiß]*. Der Weg verläuft nah am Waldrand, entweder im oder am Wald entlang und schließlich wieder hinein. Dort ist ein etwas verwildertes Wegstück zurückzulegen bis zu einem breiten Waldweg, li hoch, li haltend bis und dann weiter auf einem Schotterweg ger zum Rastplatz *Weidmannsruh* mit kl Schutzhütte und schöner Aussicht, AP. Ger weiter und hinaus ins Freie. Achtung! Den Schotterweg nach li verlassen und über die Wiese (**!**), am Waldrand bleibend mit dem Z *[Roter Balken auf weiß]* an den schönen alten Buchen entlang, immer draußen am Waldrand bleiben, wieder zur Schutzhütte, dem Ausgangspunkt des Rundweges. *MW*

● **Diesburg – Hohe Löhr – Geba – Neidhardskopf** – 1¼ Stdn – Auf gleichem Weg wie Herweg wieder zurück, *[Rotes Dreieck, Roter Balken auf weiß]*. Nach dem 1. kurzen Anstieg (ca. 10 Min) re (**!**) ab, Markierungen beachten! In *Geba* ger die Dorfstr aufw, aus dem Ort hinaus und auf der Str ca. 700 m bis zum Abzweig *Neidhardskopf/Berggasthof/*P.

101

Wasungen – Historischer Stadtrundgang und Forstbotanischer Garten

Dauer – Ca. 1½ Stdn.

Anfahrt – B 19 *Eisenach – Meiningen.* – A 4, Ausf. *Eisenach-Ost* – A 7, Ausf. *Werneck* bzw. *Hammelburg.* – Bahn *Eisenach – Wasungen – Meiningen – Schweinfurt.*

Parken – Ⓟ *Neutorstr* li hinter Werrabrücke in Ri *Kaltennordheim.* – Halbseitig in *Bahnhofstr.* – *Obertorstr.*

● **Geschichte** – Erste urkundl. Erwähnung 874. Im 12. Jh. Entwicklung zur Marktsiedlung. Die mittelalterl. Straßenführung ist bis heute in der Altstadt erhalten. Im 13. Jh. wird *Wasungen* Sitz eines Verwaltungsamtes u. eines Freien Kaiserlichen Landgerichts. Im 16./17. Jh. erste gr Blütezeit als Gewerbestadt mit künstler. Höhepunkten des Fachwerkbaus. Der Dreißigjährige Krieg beendete diese Entwicklung. Erneuter, aber nur kurzer Aufschwung im 18. Jh. Erst die 2. Hälfte des 19. Jh. brachte mit dem Bau der *Werrabahn* u. der Einführung der Gewerbefreiheit neuen industriellen Fortschritt. Nach 1945 Verstaatlichung der Wirtschaftsbetriebe. Seit der Wende 1990 wird der vollständig unter Denkmalschutz stehende Stadtkern liebevoll restauriert.

● **Stadtrundgang** – Auf westl. Marktseite **1) Rathaus** (1532/34), dreigeschossig, got. Eingang. Erker mit Schieferhaube, Fachwerk mit Spitzbögen wiederholt die Eingangsform. Sehenswerter *Rathaussaal.* Beide nebenstehende *Bürgerhäuser* (18. Jh.) u. Rathaus blieben vom Straßenbrand 1849 verschont. Auf gegenüberliegender Marktseite viele *Bürgerhäuser* in typisch fränkisch-hennebergischer Fachwerkbauweise, die auch in den neueren Bauten verwendet wurde. – Vom *Markt, Untere Hauptstr* Ri *Eisenach* 200 m weiter zum ehem. **2) Damenstift** (1596). Bemerkenswert aufwendig gestaltete Hölzer, Renaissance-Portal mit Wappen des Erbauers, achteckiger Treppenturm u. im Innern kunstvolle Stuckdecken. Heute *Stadtmuseum (ÖZ: Di–Fr 10–12 u. 13–16, Sa 10–12, So 14–16 Uhr, Mo geschlossen.), -bibliothek u. -information.* – Nach 200 m in gleicher Ri nach re aufw über *Sorge* u. *Borntal* zum **3) Forstbotanischen Garten** mit über 500 vorwiegend einheimischen, teils seltenen Baum- u. Straucharten. – Zurück in Ri *Markt,* durch die nach li führenden Gassen. Über Stufen empor zur **4) Stadtkirche St. Trinitatis.** Kirchenschiff 1584, Turm 1596/1708, Chor 1660, auf Resten aus dem 13. Jh. Neben u. hinter Kirche Reste mittelalterl. *Wehranlagen,* li an *Stadtmauer* (1325) die **5) Pfaffenburg,** erbaut 1387, rekonstruiert 1974. – Über *Kirchweg* abw Ri *Markt,* vorbei an ehem. *Adelshöfen* an der Stadtmauer **6) Mayenhof** (1576) u. **7) Weyenhof** (1630/32). – Zwischen *Amtsgasse* u. *Mühlgasse* das **8) Amtshaus** (1606/07) mit Renaissance-Toranlage (1611), heute Forstamt. – Zu weiteren Sehenswürdigkeiten: Von der *Oberen Hauptstr* li in

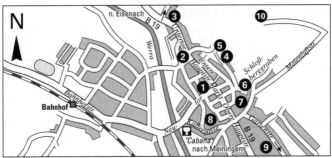

Schloßbergstr, dann re in *Gartenstr* bis zum Friedhof zur **9) Friedhofskirche St. Peter** (um 1000). – Von der *Schloßbergstr* über *Maienluftstr* zur **10) Burganlage Maienluft,** Bergfried (13. Jh.). Herrlicher Ausblick über das *Werratal* u. zur *Vorderen Rhön.* – Ohne Abstecher von *Mühlgasse* re in *Kaffeegasse* zum

● **Café-Restaurant „Cabana"** – In gepflegter Behaglichkeit wird regionale Küche u. köstliches Selbstgebackenes angeboten, z. B. Thüringer Rostbrätel u. Schweinefilet. Auch Vegetarisches u. deftige Brotzeiten. Eisspezialitäten, vielseitiges Getränkeangebot. Gemütlicher Biergarten. Günstige Preise. – *Ru = Do.*

Das Erlebnis Bergwerk Merkers

Weg und Zeit – 25 km – Rundfahrt dauert 3 Stdn.

Charakteristik – Das *Erlebnis Bergwerk Merkers* bietet Salz- u. Kalibergbau zum Anfassen. Die Besucher erfahren in 500 m Tiefe viel über die bergmännische Arbeitswelt u. die Geschichte des Bergbaus. In der Welt des „Weißen Goldes" herrschen ganzjährig gleichbleibende Temperaturen von ca. 24 °C.

Anfahrt – A 4 *Bad Hersfeld – Eisenach,* Ausfahrt *Friedewald* – B 62 (*Bad Hersfeld/Meinigen – Bad Salzungen*). – Von *Eisenach* B 84 bis *Dorndorf* – B 62. – Von *Fulda* B 27 bis *Rasdorf* – B 84 bis *Dorndorf* – B 62. – Bahn von *Bad Salzungen* bis *Merkers Bhf.*

Parken – Ⓟ auf dem Betriebsgelände.

● **Aus der Geschichte** – Schon die Kelten nutzten 700 bis 100 v. Chr. die Solequellen im nahe gelegenen *Bad Salzungen,* einer der ältesten Salinen Mitteleuropas. In *Merkers* war 1895 der Teufbeginn des Schachtes *Kaiseroda I,* 1901 wurde mit der Hartsalzverarbeitung begonnen. Nach Erschließung weiterer Teufen galt das Werk *Merkers* 1925 schon als größte Kalifabrik der Welt. Im *Bergwerk Merkers* wurde bis 1993 in den Teufen zwischen 400 u. 1500 m Rohsalz gewonnen u. in den übertägigen Produktionsanlagen zu Kali- u. Magnesiumdüngern sowie Industrieprodukten u. Salzen für Landwirtschaft, Industrie, Gewerbe u. Haushalte verarbeitet. 1991 wurde in *Merkers* das *Erlebnis Bergwerk* eingerichtet.

● **Das Bergbaugebiet** – In der Region des mittleren *Werratals* hat die Gewinnung u. Verarbeitung von Salz eine lange Tradition. Fördertürme u. ausgedehnte Fabrikanlagen sind auffallende Zeugen einer auch heute noch bedeutenden Montanindustrie. Das *Werra-Fulda-Kalirevier,* mit 1000 km² eine der größten zusammenhängenden Lagerstätten in Deutschland, erstreckt sich von *Berka* im Norden bis südlich von *Fulda* u. erreicht in Ost-West-Richtung seine größte Ausdehnung zwischen *Bad Salzungen* u. *Bad Hersfeld.* Die heutige *Grube Merkers* umfasst mit ihrem Grubenfeld die Felder der ehemaligen *Gewerkschaften Kaiseroda, Heiligenroda, Großherzog von Sachsen, Heldburg* u. *Alexandershall.*

● **Die Rundfahrt** – Mit der *Seilfahrt* in Schacht III beginnt für die Besucher das „Bergmannsleben auf Zeit". Ausgerüstet mit Helm u. Geleucht geht es in 90 Sek. auf die 2. Sohle in 502 m Teufe hinab. Auf der dreistündigen *Grubenfahrt* werden die Besucher über rund 25 km des insgesamt 140 km² großen Grubenfeldes auf Fahrzeugen gefahren. Was Arbeiten unter Tage bedeutet, erfährt man in den verschlungenen, oft auch dunklen Strecken mehrere hundert Meter unter der vertrauten Tagesoberfläche. Qualifizierte Fachleute begleiten die Besucher durch insgesamt 5 Stationen. Sie vermitteln viel Wissenswertes u. können auch manche Anekdote zum Besten geben.

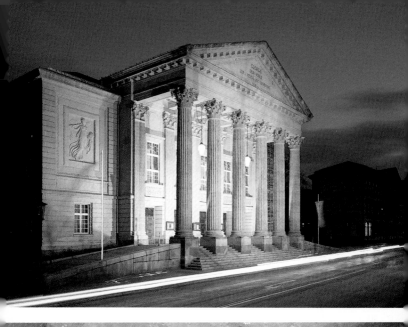

oben: *Das Meininger Theater*

unten: *Die Kristallgrotte im Erlebnis Bergwerk Merkers*

Waldanemonen im Ulstertal bei Geisa

oben: Historische Gradieranlage mit
Raum- und Einzelinhalation in Bad Salzungen

unten: Tagelöhnerhaus im Fränkischen Freilandmuseum
Fladungen

N

ahe am Thüringer Wald gelegen, bietet das

Erlebnis Bergwerk Merkers

unvergeßliche Eindrücke aus der Welt unter Tage. Erleben Sie eine spannende Reise durch die Geschichte des Kalibergbaus.

- Seilfahrt bis auf 502 Meter Teufe
- 26 Kilometer Grubenfahrt
- Bergbaumuseum
- weltgrößter Schaufelradbagger unter Tage
- historischer Goldraum
- Bergbau-Großgeräte
- Kristallgrotte

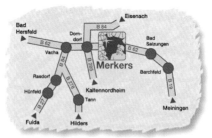

Telefon (036 95) 61 41 01 · Fax (0 36 95) 61 24 72

(Telefonische Anmeldung erforderlich) Führungen ganzjährig von Dienstag bis Sonntag um 9.15 und 13.15 Uhr. Für Kinder unter 10 Jahren ist die Einfahrt leider nicht möglich. Informationen und Kartenbestellung auch im Internet: **http://www.kalisalz.de**

Erlebnis Bergwerk Merkers

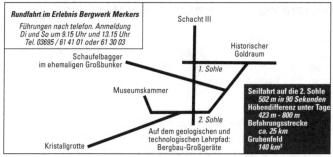

Rundfahrt im Erlebnis Bergwerk Merkers
Führungen nach telefon. Anmeldung
Di und So um 9.15 Uhr und 13.15 Uhr
Tel. 03695 / 61 41 01 oder 61 30 03

Schaufelbagger
im ehemaligen Großbunker

Schacht III

Historischer
Goldraum

1. Sohle

Museumskammer

2. Sohle

Auf dem geologischen und
technologischen Lehrpfad:
Bergbau-Großgeräte

Kristallgrotte

Seilfahrt auf die 2. Sohle
502 m in 90 Sekunden
Höhendifferenz unter Tage
423 m - 800 m
Befahrungsstrecke
ca. 25 km
Grubenfeld
140 km³

In der rund 1500 m² großen **Museumskammer** wird die 100 Jahre alte Geschichte der Salz- u. Kaligewinnung in Thüringen gezeigt. Die Besucher werden in die Arbeitswelt der Bergleute eingeführt u. lernen die techn. Entwicklung des Sprengwesens u. der Grubenrettung kennen. Arbeitsgeräte u. Maschinen zeugen von der schweren u. oft auch gefährlichen Arbeit der Bergleute in früherer Zeit. Viele der Exponate, alten Fahrzeuge u. Großgeräte dürfen ausprobiert werden.

Im ehemaligen **Großbunker**, der 1989 zur Speicherung von bis zu 50000 t Rohsalz eingerichtet wurde, sehen die Besucher einen durch seine Abmessungen beeindruckenden *Schaufelradbagger*, der bis zu 1700 t Kalisalz pro Std dem Fabrikbetrieb zuführen konnte. Die großräumige Kammer von 250 m Länge, 22 m Breite u. 14 m Höhe hat eine *hervorragende Akustik* u. bietet sich daher auch für Veranstaltungen an.

Der **historische Goldraum** erinnert an eine kurze Episode des Jahres 1945. Die damalige *Grube Kaiseroda II/III* wurde für einige Wochen zum reichsten Bergwerk der Welt, indem Gold- u. Devisenbestände sowie Kunstgüter eingelagert wurden, bis sie von amerikanischen Truppen im April 1945 entdeckt wurden. Der spätere amerikanische Präsident General Eisenhower besuchte daraufhin das Bergwerk.

Auf dem **geologischen und technologischen Lehrpfad** werden erdgeschichtliche Vorgänge, wie der *Rhönvulkanismus*, veranschaulicht u. Bergbaugroßgeräte in Arbeitsstellung gezeigt.

Höhepunkt des Ausfluges unter Tage ist die im Jahr 1980 entdeckte **Kristallgrotte**. In einer Teufe von 800 m liegt ein *Kristallhohlraum* von 4000 bis 5000 m³ Rauminhalt. Dieses einzigartige Naturwunder zieht mit weißlich schimmernden Salzkristallen – einzelne mit einer Kantenlänge von mehr als einem Meter – die Besucher förmlich in seinen Bann.

● **Führungen** – finden *von Di bis So jeweils um 9.15 u. 13.15 Uhr* statt. Die Besichtigung ist nur nach telefon. Anmeldung möglich, an der Tageskasse stehen begrenzt Plätze zur Verfügung. Kinder unter 10 Jahren können leider nicht einfahren. Sicherheitskleidung ist im Eintrittspreis enthalten. Es wird empfohlen, festes Schuhwerk zu tragen. Tel. 03695/614101 oder 613003.

Meiningen – Historischer Stadtrundgang

Dauer – 2–3 Stdn.

Anfahrt – A 4, Abfahrt *Gotha/Suhl* über die B 247 und B 289. – Von *Schweinfurt* bzw. *Eisenach* über die B 19. – Von *Bad Hersfeld* bzw. *Bad Salzungen* über die B 62. – Von *Kronach* bzw. *Sonneberg* über die B 89.

Parken – Mehrere große Ⓟ in der Nähe des Stadtzentrums.

● **Meiningen** – Am Südhang des *Thüringer Waldes*, eingebettet in die malerische Landschaft des *Werratals*, liegt die tausendjährige ehemalige Residenzstadt mit prachtvollen und repräsentativen Gebäuden. Bekannt wurde *Meiningen* im vergangenen Jh. durch die Schauspieltruppe *Herzog Georgs II*. Mit Inszenierungen – vor allem *Shakespeares* – gingen die *Meininger* von 1874 bis 1890 in Europa auf Gastspielreisen. Die Hofkapelle unter Leitung *Hans von Bülows* zog berühmte Musiker wie *Johannes Brahms*, *Richard Strauß* und *Max Reger* in ihren Wirkungskreis. In dieser weltbekannten Tradition stehend, bietet *Meiningen* heute seinen Gästen zahlreiche kulturelle Höhepunkte.

● **Gasthof Schlundhaus** – Gegenüber der *Stadtkirche* vom Markt aus sichtbar steht das geschichtsträchtige Haus mit rustikaler Gemütlichkeit, verbunden mit gepflegtem Komfort. Hier in der „Geburtsstätte der Thüringer Klöße" wird die weithin beliebte Beilage noch täglich original gemacht. Eine liebevoll gestaltete Speisenkarte beweist Vielseitigkeit in unterschiedlichen Preislagen. Im benachbarten historischen Gästehaus aus dem 16. Jh. stehen neu eingerichtete Apartments zur Verfügung. – *Kein Ru.*

● **Der Rundgang** – Vom *Schlundhaus* auf den *Markt.* Hier und im Stadtbild *Meiningen* überhaupt dominiert die **1) Stadt- oder Marienkirche,** die mit ihren beiden 50 m hohen Türmen neben dem heute nicht mehr vorhandenen Rathaus das wichtigste Gebäude der mittelalterlichen Stadt war. Beim Umbau der Kirche in den Jahren 1884–1889 zu ihrer heutigen Gestalt wurden romanische Bauteile gefunden, die einen frühen steinernen Kirchenbau aus der Zeit um das Jahr 1000 an dieser Stelle ausweisen. Der Chor erhielt von 1443–1455 seine Wölbung mit den Bildern und Wappen auf den Schlusssteinen. Am nordöstlichen Strebepfeiler des Chores ist in einiger Höhe der „Kreuzpfennig" zu erkennen. Es ist das verkantet eingefügte Abbild einer Würzburger Bischofsmütze, das zu den Wahrzeichen der Stadt *Meiningen* zählt. Auf der Orgel des Baumeisters *Schlimbach* (1889) unter der hübschen Fensterrosette hat *Max Reger* viel gespielt, und unter dem Klangeindruck dieser Orgel komponierte er auch die bedeutenden Orgelwerke der *Meininger Zeit* (1911–1914). Der Turm der *Stadtkirche* ist von Mai bis Oktober mittwochs zwischen 14 und 18 Uhr zu besteigen. Von hier oben bietet sich ein herrlicher Rundblick über *Meiningen*. Bei dieser Gelegenheit sollte man auf gar keinen Fall die Kaffeestunde im ehemaligen Türmerstübchen versäumen,

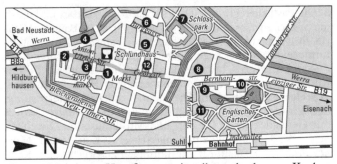

die von Meininger Hausfrauen mit selbst gebackenem Kuchen liebevoll gestaltet wird. Vom Kirchenausgang li *Kirchgasse, Nonnenplan* und angrenzend der *Töpfermarkt*. Seit 1843 trägt der älteste Platz der Stadt diese Bezeichnung. Am Zustand einiger Häuser ist zu erkennen, dass die Altstadt vor der Wende dem Verfall und dem Flächenabriss preisgegeben war. Hier re in den *Schwabenberg*. An der nächsten Ecke re das *Hartungsche Haus* (schönes Fachwerkhaus von 1603) mit der Städtischen Galerie ADA. Am Ende des *Schwabenberg* die ehem. *Fronveste* (früheres Stadtgefängnis, 1843–1845 erbaut). Re durch die Gasse *An der Oberen Mauer*. An der Einmündung in die *Anton-Ulrich-Str* re das **2) Steinerne Haus**, ein prächtiges Fachwerkhaus mit Steinsockel aus dem 13./14. Jh. Einige Schritte nach li führen an der *Oberen Mühle* vorbei zu den *Bleichgräben* (2 noch erhaltene Abzweigungen der Werra, die von den Tuchmachern früher gewerblich genutzt wurden). Auf dem Weg zwischen den Bleichgräben kurzes Stück bis zur *Wasserburg* (1817 als Krankenhaus erbaut, später Gericht) und zum *Pulverturm*, dem einzigen erhaltenen Turm der ehem. Stadtbefestigung. *Anton-Ulrich-Str* zurück Ri *Markt*. Re liegt der Platz **3) An der Kapelle**, auf dem bis 1349 ein jüdisches Bethaus, später eine Sühnekapelle stand. Einige Meter weiter li in die *Obere Kaplaneigasse* zum Neubau der **4) Kirche „Unserer lieben Frau".** Re in die *Ernestinerstr* mit einigen interessanten Fachwerkhäusern: Nr. 49, das älteste Haus (um 1580), weiter zu Nr. 14,

5) Alte Posthalterei (um 1600). Ein paar Meter zurück und durch die *Schweizergasse* in die *Burggasse* zur Nr. 22, **6) Baumbachhaus** (18. Jh.), dem Wohnhaus des Dichters *Baumbach*, heute Literaturmuseum. Schräg gegenüber das *Mosengeilsche Haus* (1771, *Friedrich Mosengeil*, bekannt durch die Herausgabe der Schrey-Kurzschrift). Ger zum erlebnisreichen Höhepunkt, dem **7) Schloss Elisabethenburg**. Die ehem. Residenz der Herzöge von *Sachsen-Meiningen* beherbergt heute u. a. die *Meininger Museen* mit Gemäldegalerie, Theater- und Musikmuseum. Die ehem. Schlosskirche dient mit einer *Sauer-Orgel* als Konzertsaal *Johannes Brahms* vor allem für Aufführungen anspruchsvoller Kammermusik. Aus dem Schloss, li in *Klostergasse*, li in *Georgstr, Bleichgräben* überqueren. In der *Bernhardstr* li das **8) Kleine Palais**, heute Bank. Gegenüber das **9) Große Palais**, repräsentative Gebäude, 1821 erbaut als Sitz des *Sachsen-Meininger Erbprinzen*. 1863 umgebaut und erweitert. In der Fortsetzung dieser Prachtstr setzt das **10) Meininger Theater** mit seinen hochaufragenden sechs korinthischen Säulen einen architektonischen Akzent. Hier vollzogen sich die Vorbereitungen zur europaweiten Reform der Schauspielkunst. Das traditionsreiche Haus brannte 1908 bis auf die Grundmauern ab. 1909 neu eröffnet, wurde es die Wirkungsstätte von *Max Reger* und ist heute eine der wirksamsten Deutschen Bühnen. Gleich neben dem Theatergelände ist der prachtvolle *Englische Garten* zu erreichen, der 1782 von Herzog *Georg I.* angelegt wurde. Verschiedene Denkmale haben ihn zu einem Refugium *Meininger* Kunst- und Kulturgeschichte werden lassen: *Max Reger, Jean Paul, Johannes Brahms*. An der **11) Herzoglichen Gruftkapelle** (1839–1842 im neugotischen Stil erbaut) vorbei zum südwestlichen Parkausgang. Hier steht am Weg der *Bechstein-Brunnen* (*Ludwig Bechstein*, berühmter Historiker, Vokskundler und Sammler von Sagen und Märchen). Zurück zur Fußgängerzone. Im Gebäude *Georgstr 20* darf der Hauseingang benutzt werden, um zum **12) Büchnerschen Hinterhaus** zu gelangen, einem einzigartigen Zeugnis *hennebergisch-fränkisch-hessischer* Fachwerkbauweise aus dem Jahre 1596.

Rhön Park Hotel – Roth – Hausen – Eisgraben – Rhön Park Hotel

⊠ ⌂ ⬙ ⬙ ⬙ ⬙ ⬙

Weg und Zeit – 11 km – 3 Stdn.

Charakteristik – Abwechslungsreiche Wanderung im „Land der offenen Fernen" mit imposanten AP. An der Ostflanke der *Hohen Rhön* durch Wiesen, Felder und majestätische Wälder. Interessant ist die Wildwasserschlucht des *Eisgrabens.*

Anfahrt – Von *Fulda* B 458 Ri *Tann, Dipperz,* dort re Ri *Wüstensachsen/Bischofsheim.* In *Wüstensachsen* li Ri *Oberelsbach,* an Kreuzung li auf *Hochrhönstr,* dann re zum *Rhön Park Hotel (Ww).* – Von *Meiningen* B 19 bis *Mellrichstadt,* dort Ri *Fladungen, Ostheim, Nordheim,* in *Nordheim* li ab zum *Rhön Park Hotel (Ww).*

Parken – Gäste-Ⓟ am *Rhön Park Hotel.*

● **Rhön Park Hotel** – „Traumwelt in der Rhön" in 700 m Höhe am Fuße der *Rother Kuppe.* Familienfreundliches 4-Sterne-Apart-Hotel mit 1200 Betten in Studios, Apartments und Luxusapartments. Subtropisches Erlebnisbad, Saunawelt, Schönheitsstudio. Abenteuer-Golfanlage, Tennisplätze u. -halle (Tennisunterricht möglich). Minigolf, Microbowling, Kegeln, Mountainbikeverleih. Im „forum" 11 Tagungsräume mit modernster Technik und Ausstattung. Selbstbedienungsrestaurant „Paradiesgarten". Rustikale Frankenstube (landestypische, gutbürgerliche Küche); Restaurant „Rother Kamin" (gehobene Küche mit regionalem Bezug), Bayer. Biergarten, Rhöneck-Pub, Diskothek. Pauschalprogramme und Wochenendarrangements. Theaterwochenenden für das Staatstheater Meiningen. Alle Preislagen. – *Kein Ru.*

● **Rhön Park Hotel – Roth** – ½ Std – Vom Gäste-Ⓟ Hotelzufahrt 150 m aufw, dann re, *[Blaues Dreieck], Ww [Rundweg 1],* über schönen Wiesenweg am Hang des *Rother Berges* abw. An Querweg li weiter, vorbei am Justusbrunnen ins Dorf *Roth* (Ortsteil *MA* von *Hausen,* 488 m, bekannt als Brauereidorf – 1788 gegr. Fami-

113

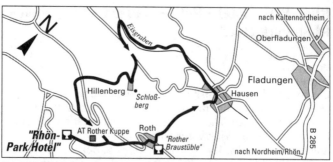

lienbrauerei), im Dorf bis zur Hauptstr gehen, dort re Ri Brauerei bis zum *„Bräustüble"*.

● **Gast- und Logierhaus Rother Bräu „Bräustüble"** – Haus aus
dem Jahr 1906, 1994 grundlegend renoviert und im Landhausstil
eingerichtet. Kleines Brauereimuseum, Terrase. Komfortable
Gästezimmer Brauereiausschank (Spezialität: ungefiltertes Öko-
Bier u. Öko-Ur-Weizen), regionale u. saisonale fränk. Gerichte,
z. B. Bierbrauersteak, Brotzeit. Untere bis mittl. Preise. – *Ru = Di*.

● **Roth – Hausen – Eisgraben – Hillenberg – Rother Kuppe – Rhön**
Park Hotel – 2½ Stdn – Von *Bräustüble* zur *Brauerei,* davor li *Ww*
MW *[Birkenweg], [Blauer offener Tropfen],* dann weiter mit *Ww [Im*
Rosengarten], am Ortsende Markierung folgend auf Feldweg bis
Waldrand, dort re, kurz darauf li in *Lindberg-Wald.* An Kapelle
u. Kreuzwegstationen abw nach *Hausen* (443 m, Dorf am Fuße
der *Hohen Rhön,* 1834 durch Hochwasser verwüstet. Dabei wur-
de ein Braunkohleflöz freigelegt, Abbau bis 1950). Im Dorf li bis
MW *Rhönstr, [Rotes Dreieck]* (= *HWO 4* des *Rhönklubs*), li aufw bis
Ortsausgang. Weiter auf Asphalt. Fahrstr parallel zum *Eisgra-*
ben, einer *Wildwasserschlucht,* die das *Schwarze Moor* entwässert.
An *Statue des hl. Sebastian* re über Fluss auf Forstweg aufw
durch schönen Laubwald, vorbei am *Georgsbrunnen* bis zur *Eis-*
MW *grabenbrücke, [Blaues Dreieck].* Weiter aufw, vorbei an *Frauen-*
höhle (30 m li vom Weg, sagenumwobene, 50 m lange, 20 m tie-
fe Naturhöhle im Basalt, Naturdenkmal) bis Fahrstr. Diese li
abw, nach 30 m re, *Ww [Hillenberg, Rother Kuppe, Rundweg 3].*
Mit Markierung Fahrstr folgen, vorbei ℗ Nr. 13 des *Naturparks*
Bayer. Rhön, ger etwa 350 m nach *Hillenberg* (Kl Bergfriedhof
und Kirchlein, 1950, mit eindrucksvollem Gemälde im Altar-
raum, welches das Unwetter von 1834 darstellt, das den Eisgra-
MW ben formte). Zurück bis ℗, *[Blauer Tropfen], Ww [Rother Kuppe,*
Rundweg 1], nach 350 m *Ww [Am Schloßberg],* dort re, *Ww [Park-*
hotel], auf Fußpfad am Waldrand, dann li in Wald abw in den
Reupersgraben, auf Holzsteg über den *Stettbach, Z [Rundweg 1].*
Später re durch Wald aufw bis *Fahrstr* und ℗ Nr. 17 *„Rother Kup-*
pe" des *Naturparks Bayer. Rhön.* Von hier entweder gleich li auf
asphalt. Fahrstr zurück zum *Rhön Park Hotel* oder über die
Rother Kuppe (711 m) mit AT und phantastischem Rundblick.

Seiferts – Ulsterweg – Thaiden – Batten – Basaltbruch – Birx – Birxgraben – Seiferts

Weg und Zeit – 14 km – 3½ Stdn.

Charakteristik – Ein abwechslungsreicher Weg entlang des oberen *Ulstertales* zu schmucken Dörfern, fast ständig durch Wald im „Dreiländereck". Unterwegs eröffnen sich immer wieder schöne Aussichten über die hügelige Landschaft der *hessischen Rhön*. Blick auf *Milseburg* und *Wasserkuppe*. Leichte bis mittlere Anstiege auf überwiegend befestigten Wegen.

Anfahrt – A 7 *Fulda – Würzburg*, Ausf. *Fulda-Süd* Ri *Tann*. – Von *Fulda* B 458 bis *Batten*, dann B 278 Ri *Bischofsheim*.

Parken – Gäste-Ⓟ hinter dem *Gasthof „Zur Krone"*.

● **Seiferts – Ulsterweg – Thaiden – Batten – Basaltbruch – Birx** – 2½ Stdn – Vom *Gasthof „Zur Krone"* zunächst auf Gehsteig ca. 250 m Ri Dorfmitte. Bei Telefonzelle Str queren u. in gegenüberliegende Teerstr einbiegen, *Ww [Thaiden 2 km]*. Nach Brücke über *Ulster* mit *Ww [Thaiden 1,8 km]*. Nach 50 m Gabel MA re. Li am Sportplatz vorbei. Z *[Blaues U]* an Baum. In *Thaiden* auf *Ww [Findlos]* achten. Re an Kirche vorbei und ger weiter. An nächster Gabel li aufw. Beim *Ww [Batten/Findlos 1,4 km]* re in unbefestigten Feldweg. Am Ortsschild von *Hilders – Ortsteil* MW *Batten* Markierungswechsel! Dem Z *[Volles Rotes Dreieck, HWO 3]* folgen. Über die *Ulsterstr* aufw bis zur Hauptstr, diese überqueren, nach ca. 20 m re abbiegen und stetig aufw li an Kirche vorbei. Dann re am Friedhof mit Kapelle vorbei und weiter auf geteertem Weg durch Feldfluren ger aufw. Am Waldbeginn MW bei Sitzgruppe re abbiegen und nun Z *[16]*, *Ww [Schutzhütte am Billstein 2 km]* folgen. Auf befestigtem Waldweg aufw in Ri Basaltbruch, unterhalb von diesem vorbei. Hinter Basaltbruch nächster Abzweig li, mit Z *[16]* weiter, nach 25 m re in unbefestigten Waldpfad und steil aufw. Bei altem Grenzstein li, auf Z *[16]* mit Linkspfeil achten. Hier li abbiegen, ger über Wiese und direkt auf *Birx* zugehen. An der Kirche vorbei zum

● **Gasthaus-Pension „Zur Rhön"** – Seit 1885 in Familienbetrieb. Moderne Gästezimmer. Gemütliche Gasträume, schöner Biergarten. Familiäre Atmosphäre, regionale Küche. Spezialitäten: hausgemachte Kuchen, Thür. Klöße, Zwiebelkuchen, Gerichte nach Omas Art. Auch Brotzeit, Kinderkarte. Bier v. Fass, offene Weine. Sehr günstige Preise. – *Ru = Mi*.

● **Birx – Birxgraben – Seiferts** – 1 Std – Vom *Gasthaus „Zur* MW *Rhön"* auf Landstr abw, li dem Z *[Grüner Kreis]*, *Ww [Seiferts]* folgen. An der Landstr entlang bis Abzweig li nach *Meiningen*. MW Weiter re abw und nach ca. 350 m auf Z *[Offenes Grünes Dreieck]* achten, *Ww [Seiferts 2 km]*. Landstr queren und re in Waldweg MW aufw. An nächster Gabel li und weiter bis zu den Z *[Blaue 13]*,

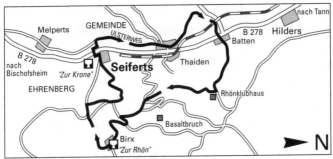

[Grünes Doppeldreieck] li an Baum. Diesen Waldpfad li steil abw, am Waldende re auf geteertem Wirtschaftsweg weiter und noch ca. 1 km bis *Seiferts* zum

● **Gasthof „Zur Krone" mit Rhöner Schaukelterei** – In gemütlichen Gasträumen und auf der Gartenterrasse werden regionale Spezialitäten und ideenreiche Gerichte serviert, z. B. Weißbiergulasch, Lamm-Bratwürste, Rhöner Apfelschmaus. Apfelwein-Seminar mit Besichtigung der Schaukelterei und Spezialitätenverkostung in der Apfelweinstube. Originelle Gästezimmer. Aktivitäten-Arrangements. Alle Preislagen. – *Ru = Mi.*

Sennhütte – Rüdenschwinden – Eisgraben – Rhönhof – Schwarzes Moor – Sennhütte

Weg und Zeit – 13 km – 3¼ Stdn.

Charakteristik – Eine kontrastreiche Wanderung, die von allem etwas bietet: weite Matten und Wiesen im *NSG Lange Rhön*, einer Hochfläche in 700–800 m Höhe, schöne Weitblicke nach *Thüringen*. Die wilde Schlucht des *Eisgrabens* mit bewaldeten Buchenwaldhügeln sowie das 60 ha große *Schwarze Moor* runden diese herrliche Wanderung ab.

Anfahrt – Bis *Fladungen* wie Seite 120. Ab *Fladungen* auf der *Hochrhönstraße* Richtung *Bischofsheim*.

Parken – Gr Gäste- P vor beiden Gasthäusern (auch f. Busse).

● **Sennhütte – Rüdenschwinden – Eisgraben – Rhönhof** – 2½ Stdn – Von der *Sennhütte* an der *Hochrhönstr* mit *Ww [Rüdenschwinden 3,9 km]*. Auf Landstr ca. 600 m abw gehen, dabei am *Z*
MA *[Grüner Tropfen]* orientieren. Dann von der Landstr re abbiegen und auf Teerstr ca. 2 km weiter, bis *Ww* mit Abbiegepfeil nach li kommt. Auf dem Wiesenpfad abw, nächste Kalkschotter-Querstr re abbiegen. Dann Teerstr überqueren und re abw. Am Ortsbeginn von *Rüdenschwinden* re, *Ww* an Holzmast. Hier re abbie-
MW gen und mit *Z [1]* aufw Ri Wald. Li an 2 Fischteichen vorbei. Auf Waldpfad weiter aufw. Nächste Querstr re abbiegen. An der Landstr nach *Hausen* li, bis Ausgang der Haarnadelkurve abw.
OM Beim Schild *[Gesperrt für Fahrzeuge aller Art]* ohne Markierung re in Waldweg. Nach knapp 10 Min an nächster Gabel steil li abw. Am Schotterquerweg re abbiegen, nach 100 m wieder re
MA aufw. Ab hier Markierung *[Rotes Dreieck]*. Nun auf befestigter Str immer aufw, re an der Schlucht des *Eisgrabens* vorbei. Die Brücke über den *Eisgraben* nach *Georgsbrunnen* nicht überqueren, sondern ger weiter aufw den beiden *Z [Rotes Dreieck]* u.
MW *[Blaues Dreieck]* folgen. Ausgangs des Waldes mit *[Blauem Dreieck]* und *Ww [Schwarzes Moor-Rhönhof]*. Wo das *[Blaue*
MW *Dreieck]* li abbiegt, den *Z [1] u. [5]* folgend ger weiter. Nach ca. 20 m *Ww [Schwarze Moor-Rhönhof]*. Mit beiden *Z* auf Trampelpfad zur

● **Gastwirtschaft „Der Rhönhof"** – Land- u. Gastwirtschaft „zum Anfassen". Ein ursprüngliches Bergwirtshaus mitten in der *Hochrhön*. Sommer-Hofwirtschaft und Gartenterrasse. Zünftige, ungezwungene Atmosphäre. Bauernkost vom Hof. Spezialitäten vom Rhönschaf, Rhönhof-Brotzeiten. Apfelwein, Öko-Bierspezialitäten, Hofleben mit Tieren, Pferdekutschfahrten. Hofladen mit einheimischen Produkten. Untere bis mittl. Preise. – *Ru = Mo, Di (im Winter)*.

● **Rhönhof – Schwarzes Moor – Sennhütte** – ¾ Std – Am *Rhönhof* li vorbei Ri *Dreiländereck*. Auf Waldpfad mit *Z [1], [4], [5]* bis

zum *Schwarzen Moor*. Re an Kiosk vorbei, über den ℗ dem *Z [Grüner Tropfen]* folgen, noch 500 m bis zum

● **Berggasthof Sennhütte** – 28 gemütliche Gästezimmer mit Du/WC, TV, Frühstücksbuffet. Sauna, Solarium, Lift. Rustikale Gasträume mit gemütlicher, gepflegter Atmosphäre, Gartenterrasse. Von deftigen Gerichten bis zu regionalen Gaumenfreuden, auch vegetarisch. Reichhaltige Brotzeiten, hausgemachte Kuchen. Bier vom Fass, große Weinauswahl. Mitglied der Aktion „Rhöner Charme". Ausgangspunkt für Wanderungen und Langlaufloipen. Mittlere Preise. – *Kein Ru.*

● **Wegerweiterung** – *Naturlehrpfad Schwarzes Moor* (2,2 km).

Fladungen – Heufurt – Sandser Graben – Sands – Brüchs – Wurmberg – Fladungen

Weg und Zeit – 14 km – 3½ Stdn.

Charakteristik – Von dem schönen mittelalterlichen Städtchen *Fladungen* aus wandert man auf gut markierten Wegen entlang der *Streu* nach *Heufurt*, genießt die Stille der Wälder und das Rauschen der Bäche auf dem Weg über den *Sandser Graben* zu den schmucken Ortschaften *Sands* und *Brüchs*. Über den *Wurmberg* geht man zurück nach *Fladungen*. Herrlicher Ausblick auf das Panorama der *Hohen Rhön*.

Anfahrt – A 7 *Fulda – Würzburg*, Ausfahrt *Fulda-Süd*, weiter auf B 27/B 279 Ri *Bad Neustadt*, bei *Bischofsheim* über *Hochrhönstraße*. – A 70 *Schweinfurt – Bamberg*, Ausfahrt *Werneck*, weiter auf B 19 bis *Mellrichstadt*, dann B 285 bis *Fladungen*. – B 285 *Eisenach – Mellrichstadt*.

Parken – Vor dem *Gasthof „Goldener Adler"*, entlang der Hauptstraße und in Nebengassen.

● **Fladungen** – (400–500 m). Altes, historisches Städtchen mit mittelalterlichem Stadtkern am Ostrand der *Langen Rhön* mit den Ortsteilen *Brüchs, Heufurt, Leubach, Oberfladungen, Rüdenschwinden, Sands* und *Weimarschmieden*. 789 erstmals urkundlich erwähnt. 1335 Stadtrecht. – Teilweise erhaltene *Stadtbefestigung*: Hohe Mauer mit 5 Türmen sowie Wall und Graben. – *Pfarrkirche St. Kilian* auf mittelalterlicher Grundlage 1657–59 erbaut. Chorturm mit gotischen Formen. Rokokoaltäre. Am Langhaus alte Wehrtürme erhalten. – *Centschloss* 1601–1628. Zweiflügeliger Renaissancebau mit schön gestalteten Giebeln. Sitz der Stadtverwaltung. Ein Flügel davon beherbergt das unbedingt sehenswerte *Rhönmuseum*, welches das kulturelle Erbe der *Rhön* anschaulich macht. – Das am Stadtrand liegende *Fränkische Freilandmuseum* hat sich die gleiche Aufgabe gestellt und ist ebenso einen Besuch wert. – *St.-Gangolfs-Kapelle* von 1597 mit halbrunder Apsis auf dem *Hamelsberg* oberhalb der Stadt gelegen.

● **Der Rundweg** – Vom *„Goldenen Adler"* Ri Kirche. 200 m hinter der Kirche li in *Carl-Josef-Sauer-Weg* einbiegen und zunächst den Wanderwegzeichen folgen. Li am *Freilandmuseum* vorbei und ger weiter bis Steinmetzbetrieb. Dann re abbiegen und dem *Z [4]*, *Ww [Hartweg]* auf Landstr Ri *Sands* folgen. Nach ca. 400 m Landstr, dann am *Ww* (!) re in Wald einbiegen und dem *Z [Blauer Pfeil]*, *[1]* folgen. Der Wanderweg geht 3 km nur durch Wald bis **Heufurt**. Am Ortsrand vor Sägewerk li abbiegen, li vom Sportplatz mit *Z [Blauer Pfeil]* aufw in den Wald. Nächste Querstr li abbiegen, nach 10 m re auf steilem Waldpfad aufw, dem *Z [1]* (li am Baum) folgen. Nächste Querstr überqueren, dem *Z [Blauer Pfeil]* re am Baum folgen. Am Ortsrand von **Sands** leicht li Ri Hauptstr

halten. An der Hauptstr li abbiegen und Ri Kirche. An Kirche vorbei, am Ortsende re abbiegen, an Feuerlöschteich vorbei, nächste Querstr re abw. Nach 150 m li abbiegen und ab hier dem *Z [1], Ww [Brüchs 2,6 km]* folgen. Auf Teerweg immer ger leicht *MW* aufw. Vor **Brüchs** Landstr queren und in Ri Kirche gehen. Li an der Kirche vorbei den *Z [1]* u. *[2]* folgend ger aufw. Nach der Kirche an oberer Querstr li abbiegen (!), auf Feldweg ger weitergehen. Re an ehemaligem Schuttabladeplatz vorbei und in kleines Wäldchen eintreten. Nach dem Wäldchen li abbiegen und abw auf *Fladungen* zugehen. Über die **Wurmbergsiedlung** Ri Landstr nach **Fladungen** weitergehen, dann re abbiegen. Ca. 200 m auf Landstr bleiben, dann li in Feldweg einbiegen und den *Z [1]* u. *[2]* folgend abw gehen. Am *Ww* re abbiegen, an Steinmetzbetrieb vorbei und auf bekanntem Weg zurück zum

● **Gasthof-Metzgerei „Goldener Adler"** – Zentral im Stadtkern gelegen. Behagliche Gästezimmer. Gemütliche Gasträume mit Terrasse. Behagliche, angenehme Atmosphäre. Anerkannt gutbürgerliche Küche mit regionalen und saisonalen Gerichten, Wurst- u. Schinkenspezialitäten aus eigener Metzgerei. Bier vom Fass, Frankenweine und Fruchtweine aus der Rhön. Mitglied der Aktion „Rhöner Charme". Günstige Preise. – *Ru = Mi.*

Region Oberes Streutal mit Museumsstraße

Anfahrt – B 19 über *Bad Neustadt (Saale)* nach *Mellrichstadt*, weiter über die B 285 nach *Ostheim* und *Fladungen*. – Bahnstation ist *Mellrichstadt* oder *Fulda*, von dort Busverbindungen.

● **Oberes Streutal** – Das Urlaubs- und Wanderparadies an der *Streu* ist geprägt vom Charme der *Rhön*. Das *Streutal* ist ein beliebtes Ziel für Spaziergänge in würziger Luft oder anspruchsvolle Wanderungen auf über 2000 km markierten Routen. In den sehenswerten Museen der *Museumsstraße* wird Geschichte zum hautnahen Erlebnis. Das **Fränkische Freilandmuseum Fladungen** (siehe auch S. 120) stellt anschaulich die dörfliche Kultur *Unterfrankens* dar. Alte Bauernhäuser und Höfe wurden originalgetreu wieder aufgebaut. Das **Rhönzügle** fährt während der Saison an Sonn- und Feiertagen zwischen *Fladungen* und *Ostheim v. d. Rhön* mit historischen Dampf- und Dieseltriebfahrzeugen.

Mellrichstadt – Suhlesturm – Hainhof – M.

Weg und Zeit – 6 km – 1¾ Stdn.

Charakteristik – Ein leichter Wanderweg von *Mellrichstadt* hinauf zum *Suhlesturm*, von hier herrliche Rundsicht über *Mellrichstadt* und die Höhen der *Rhön*.

Anfahrt – Siehe oben, „Urlaubsregion Oberes Streutal".

Parken – Großer Ⓟ am *Gasthof „Haus Thüringen"*.

● **Mellrichstadt** – Ein über 1200 Jahre altes Städtchen, das geprägt ist durch die Vielfalt der Stilrichtungen und Epochen. Hier gibt es viele verborgene Reize zu entdecken. Zum Verweilen und Anschauen lohnen sich zum Beispiel der *Bürgerturm*, das alte *Schloss*, das *Heimatmuseum* im *Salzhaus* oder einfach die Altstadtidylle. Besonders malerisch ist die alte *Stadtmauer*, die die Stadt noch im wehrhaften Rund umschließt.

STREUTAL

Luft und Laune in der Rhön.

Natur erleben
Im romantischen Flusstal und auf den
Rhöner Höhen

Kultur bestaunen
Historische Städtchen, Kirchburgen
und Schlösser

Köstlichkeiten schlemmen
Rhöner Spezialitäten liebevoll zubereitet

Freunde finden
Die Rhöner freuen sich auf Sie!

Veranstaltungen besuchen…
Vereinsfeste, Umzüge, Stadtfeste u. v. m.

Aktiv sein…
Reiten, Schwimmen, Minigolf, Tennis,
Wandern, Bootswandern, Segelfliegen

Tourist-Info Ostheim v. d. Rhön
Im Schlößchen 5
97645 Ostheim
Tel.: (0 97 77) 18 50
Fax: (0 97 77) 32 45
Internet: www.btl.de/ostheim
e-mail: tourismus@ostheim.btl.de

Tourist-Info Fladungen
Rathaus
97650 Fladungen
Tel.: (0 97 78) 9 19 120
Fax: (0 97 78) 9 19 133

Tourist-Info Mellrichstadt
Marktplatz 2
97638 Mellrichstadt
Tel.: (0 97 76) 92 41
Fax: (0 97 76) 73 42

● **Der Rundweg** – Vom *Gasthof „Haus Thüringen"* Ri Stadt, auf
MA dem *Beethovenweg* bis zur *Annakapelle, Z [Rundweg 2],* li auf der
MW *Mozartstr* aufw. Nach ca. 200 m re steil aufw, *Z [Schwarzes Doppel-*
dreieck, Roter Keil]. Am Ende der Steigung Str überqueren,
ger auf geteertem Feldweg bis zum **Suhlesturm**. Auf geteertem Feldweg immer ger weiter bis zur Str, dann li der Str entlang bis **Hain-**
hof. Gegenüber der Kapelle li auf Wiesenweg abw, *Z [Roter Keil,*
MW *Schwarzes Doppeldreieck, Rundweg 2].* Im Wald nach ca. 200 m an
einer Kreuzung li, *Z [Rundweg 2].* Auf dem Forstweg abw, später
nach Rechtskurve aufw bis zur Str, dann li der Str entlang bis zur
Kaserne. An der *Kaserne* li, *Z [Rundweg 2].* Am Kasernenzaun
entlang bis zum Haupttor, dann li an der Str entlang auf dem Bür-
gersteig, *Z [Rundweg 2],* bis zur B 19. Von hier auf Gehweg li, *Z*
[Rundweg 2], nach ca. 1 km li in die *Ignaz-Reder-Str* bis zum
● **Gasthof „Haus Thüringen"** – Zentrale Lage. Freundliche Gasträume, überdachte Terrasse im Grünen, Spielplatz, Minigolf-
anlage, Kegelbahn. Übernachtungsmöglichkeit. Gutbürgerliche,
bekannt gute Küche. Reichhaltige Karte von deftiger Brotzeit bis
Rinderfiletsteak, alles frisch zubereitet. Rhöner Spezialitäten.
Auch Kinderteller, Seniorenportionen. Montags Kinovorstellun-
gen mit Bewirtschaftung. Untere bis mittl. Preise. – *Ru = Di.*

Ostheim v. d. Rhön – Lichtenburg – Ostheim

Weg und Zeit – 5 km – 1¾ Stdn.
Charakteristik – Ein leichter Wanderweg von *Ostheim* zur *Lich-*
tenburg und weiter auf einem Rundweg durch den Wald um das
Naturschutzgebiet Weyhershauk herum und zum *ND Doppelte*
Eiche (eine uralte riesige verwachsene Eiche).
Anfahrt – Siehe S. 122, „Urlaubsregion Oberes Streutal".
Parken – Beim *Landhotel Thüringer Hof.*
● **Ostheim vor der Rhön** – 804 in einer Schenkungsurkunde erst-
mals erwähnt, ab 1596 Stadtrechte. In der Altstadt sind noch das
Hanseatische Schloss, das *Rathaus* und die *Kirchenburg mit Kirche*

erhalten und sehenswert. Seit 1920 gehörte *Ostheim* zu *Thüringen* und seit 1945 zu *Bayern.* Viele Freizeitangebote. Um *Ostheim* finden sich über 150 km gut markierte Wanderwege.

● **Der Rundweg** – Vom *Thüringer Hof ohne Markierung* re auf *Kleinem Burgweg* aufw, li bis *Wasserwerk.* Von hier mit *Z [Rundweg 3], Ww [Lichtenburg],* nach 300 m re mit *Z [Rundweg 2].* Im Wald aufw, Str überqueren, im Wald weiter aufw, *Z [Blaue Pfeilspitze, Blaues Doppeldreieck, Schwarzes Doppeldreieck], Ww [Lichtenburg],* bis zur **Lichtenburg.** 50 m unterhalb der *Lichtenburg* re, *Z [Blaue Pfeilspitze], Ww [Fladungen],* im Wald abw bis Wegkreuzung, re mit *Z [Rundweg 3].* Immer ger auf Forstweg durch den Wald, immer *Z [Rundweg 3],* bis **ND Doppelte Eiche.** Nach ca. 50 m li, *Z [Rundweg 3],* auf Wiesenweg durch Hecken entlang des *NSG Weyhershauk.* Wo der Feldweg einen Knick nach re macht, ger abw, an Bauernhof vorbei, li aufw, *Z [Rundweg 3].* Immer ger auf dem Feldweg bis nach *Ostheim* in die *Burgstr,* li aufw bis *Wasserwerk,* dann re *ohne Markierung* auf dem Feldweg bis zum

● **Landhotel Thüringer Hof** – Auf der Höhe gelegenes Drei-Sterne-Hotel mit herrlichen Ausblicken. Schöne komfortable Gästezimmer, herrlicher, parkähnlicher Innenhof. Kegelbahn, Sauna, Solarium. Vielseitige Speisekarte mit saisonalen Spezialitäten, kleinen Gerichten, Fleisch- und Fischvariationen sowie Feinschmecker-Menüs. Auch Vesper, Salate, Vegetarisches. Kinderteller. Alle Preislagen. – *Kein Ru.*

Right margin markers:
OM
MA
MW
MW

MW
MW

OM

Der Rhön-Höhen-Weg (RHW) (137 km)
Wanderung von Burgsinn nach Bad Salzungen

Charakeristik – Der *Rhön-Höhen-Weg* nimmt unter den herrlichen *Rhön-Wanderwegen* eine Sonderstellung ein. Er führt über die markantesten und freien Höhen des Gebirges und bietet echte Bergsteigererlebnisse. Eine sorgsame Planung ist jedoch unumgänglich, denn es sind nicht viele Orte, die angewandert werden. Markierung *[Roter liegender Tropfen].*

● **Die Entfernungen** – *Burgsinn* – 14 – *Roßbach* – 11 – *Dreistelz* – 10 – *Schildeck* – 5 – *Würzburger Haus* – 6 – *Kissinger Hütte* – 7 – *Kreuzberg* – 6 – *Oberweißenbrunn* – 3 – *Himmeldunkberg* – 6 – *Rotes Moor* – 3 – *Heidelstein* – 8 – *Schwarzes Moor* – 3 – *Frankenheim* – 5 – *Ellenbogen* – 18 – *Andenhausen* – 10 – Str westl. von *Oberalba* – 5 – *Baiershof* – 7 – *Stadtlengsfeld* – 5 – *Hundskopf* – 5 – *Bad Salzungen*.

● **Kurzbeschreibung,** analog der ausführlichen Broschüre des *Hauptvorstandes des Rhönklubs e. V. Fulda* von *Günter Rinke* (mit zahlreichen Wegeskizzen). – **Burgsinn** (*Michaelskirche, Wasserschloss, 2 Schlösschen*). Bhf. – Hochstr – *Einertsberg* – Hochstr – **Roßbach** (*Thüngenschloss*) – **Weißenbach** (*„Blauer Turm")* – *„Erfrorenen-Denkmal"* – *Dreistelz* mit *AT* – **Dreistelzhof** (⚇). – *Buchrasen* (OT von *Bad Brückenau*) – B 27 – *Ehrenberg (AP)* – **Breitenbach** (⚇) – *Mitgenfeld* – *Mettermichhang* – **Schildeck** (⚇, *Ruine Burg Schildeck*) – *Farnsberghang* – **Würzburger Haus** (⚇). – **Kissinger Hütte** (⚇) – **Kloster Kreuzberg** (⚇, s. S. 154) – *Oberweißenbrunner Kapellchen* – *Arnsberghang* – **Oberweißenbrunn** (⚇). – *Himmeldunkberg (AP)* – *Hohe Hölle* – ℗ *Schwedenwall* – *Rotes Moor* (Abstecher Bohlenpfad) – B 278/ ℗ *Moordorf* – *Heidelstein* – *Schwabenhimmel* – *Rhönklub-Ehrenmal* – ℗ *Schornhecke* – *Stirnberg* (905 m, *AP*) – ℗ *Schwarzes Moor* (Abstecher Bohlenpfad) – **Sennhütte** (⚇, s. S. 118). – **Frankenheim** (⚇) – **Ellenbogen/Eisenacher Haus** (⚇) – Tal der *Lotte* – *Pinzler* (661 m) – *Hexenlinde* (Abstecher 100 m) – *Horbel* – ehem. Grenzturm – **Andenhausen** (re, ⚇). – B 285 – *Forsthaus Steinberg* – *Baierhang* – *Baiershof* – **Stadtlengsfeld** (*Stadtkirche*, Wasserburgreste) – *Hundskopf* – **Bad Salzungen** (*Stadtkirche, Haunscher Hof, Schl. Wildprechtrode*, s. S. 88, ⚇).

● **Wanderplakette für den Rhön-Höhen-Weg**
Für die Erwanderung des *RHW* gibt der *Hauptvorstand des Rhönklubs* eine Plakette aus:
1. Man fordert zunächst den Wanderpass von der *Geschäftsstelle des Rhönklubs, Peterstor 7, 36037 Fulda* an.
2. Unterwegs lässt man sich durch Eintragungen (Stempel u. Ä.) in den Wanderpass bestätigen, dass man wirklich gewandert ist.
3. Nach der Wanderung schickt man den Pass zurück und überweist den für die Plakette geforderten Betrag auf ein Rhönklub-Konto.
4. Wanderpass und Plakette werden danach zugeschickt.

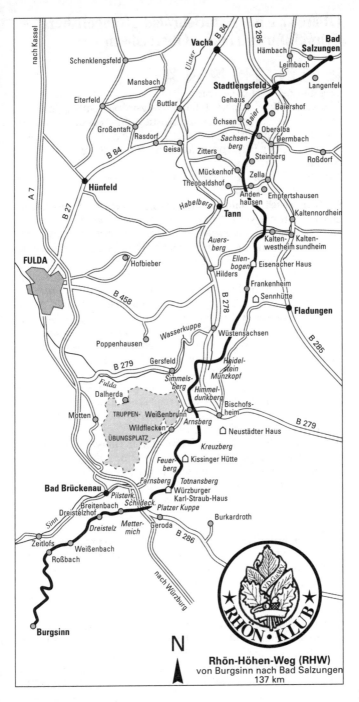

N

Rhön-Höhen-Weg (RHW)
von Burgsinn nach Bad Salzungen
137 km

Oberelsbach – Naturlehrpfad „Gangolfsberg" – Schweinfurter Haus – Oberelsbach

▧ ⌂ △ ▨ ⋀ ▶ ⊞ ⊠

Weg und Zeit – 11 km – 3 Stdn.

Charakteristik – Zunächst flache Wegstrecke entlang der *Els*. Dann mittlerer, später starker Anstieg. Interessanter und anspruchsvoller Naturlehrpfad über 2,5 km ab *Schweinfurter Haus*.

Anfahrt – Über B 27 von *Fulda* bzw. *Hammelburg*, dann B 279, Abfahrt *Oberelsbach*.

Parken – ℗ in der Ortsmitte von *Oberelsbach* in der Nähe des Naturschutzzentrums.

● **Oberelsbach – Naturlehrpfad „Gangolfsberg" – Schweinfurter Haus** – 2 Stdn – Vom ℗ in der Ortsmitte geht es Ri Kirche und anschließend li in die *Rathgeberstr*. Ab hier führt das Wanderzeichen *[SWH]* zum *Schweinfurter Haus*. Das erste ebene Teilstück führt im Tal der *Els* auf einem Wiesen- und Schotterweg entlang. Danach geht es auf einem Waldweg (bei Regenwetter morastig!) mit einer mittleren Steigung direkt zum *Schweinfurter Haus*. Von hier aus führt der sehr interessante und anspruchsvolle *Naturlehrpfad* (Rundweg 2,5 km) auf und um den *Gangolfsberg* mit zahlreichen Naturdenkmälern und Sehenswürdigkeiten, z. B. verschiedene rhönspezifische Baumarten, sehenswerte Basaltsäulenformationen, eine ehemalige Befestigungsanlage und Kapellenruine sowie eine Höhle mit dem prägnanten Namen *Teufelskeller*. Im Verlaufe des Rundweges und der Besteigung des 773 m hohen *Gangolfsbergs* kann man schöne Ausblicke u. a. auf *Oberelsbach* genießen. Zurück am *Schweinfurter Haus* hat sich der Wanderer eine Rast verdient.

● **Gasthaus-Rhöner Hütte „Schweinfurter Haus"** – Das für die Rhön typische Gasthaus besticht durch seine zünftige und ungezwungene Atmosphäre. Gemütliche Gasträume, Gartenterrasse mit wunderbarem Ausblick. Deftige regionale Gerichte und Vesper wie Rhöner Brotzeitteller, Schmalzbrot. Einfache Hüttenzimmer. – *Ganzjährig bewirtschaftet, durchgehend warme Küche. Ru = Mo.*

● **Schweinfurter Haus – Oberelsbach** – 1 Std – Vom *Schweinfurter Haus* geht es die bekannte Wegstrecke (wie auf dem Hinweg beschrieben) zurück nach *Oberelsbach*. In *Oberelsbach* lohnt sich der Besuch des *Naturschutz-Zentrums „Hohe Rhön"*, das ausführlich über das *Biosphärenreservat* in der *bayerischen Rhön* informiert.

● **Naturschutzgebiet „Lange Rhön"** – Die Hochflächen der *„Langen Rhön"*, einem Teilbereich der *Hochrhön*, wurden am 26. April 1982 auf einer Fläche von 2657 Hektar zum Naturschutzgebiet erklärt, um zahlreiche Schutzziele hinsichtlich bestimmter Tier- und Pflanzenarten zu realisieren. Die Bestimmungen der Natur-

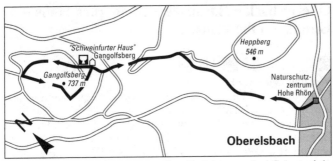

schutzgebietsverordnung zur Gewährleistung der Schutzziele können im Informationszentrum der Gemeinde *Oberelsbach* eingesehen werden (auch Beratung).

● **Weiterer Wanderweg –** Der Wanderweg von *Oberelsbach* zum *Schweinfurter Haus* und der erste Teilabschnitt des *Naturlehrpfades* sind integriert in einen wunderschönen, aber längeren und anspruchsvollen Rundweg (Tageswanderung 5–6 Stdn), der weiter zur *Thüringer Hütte*, auf den *Ilmenberg* (787 m), zum *Steinernen Haus* und von da zurück nach *Oberelsbach* führt.

Oberelsbach – Basaltsee – Steinernes Haus – Ginolfs – Oberelsbach

⬛ ⬡ △ ▦ ◪ ▷ ⬚ ✳

Weg und Zeit – 15½ km – 4½ Stdn.

Charakteristik – Ein anspruchsvoller Wanderweg, hauptsächlich durch herrliche Wälder und über die Höhen der *Rhön* zur Freizeitanlage *Steinernes Haus*, einem Basaltsee, der als Angel- und Badesee genutzt werden kann. Zurück durch den idyllisch gelegenen Ort *Ginolfs,* über den *Hüppberg* nach *Oberelsbach.*

Anfahrt – A 7, Ausf. *Fulda-Süd*, B 27/279, Abfahrt *Bischofsheim*, Ri *Oberelsbach.* – A 7, Ausf. *Bad Brückenau/Wildflecken*, Ri *Wildflecken* und *Bischofsheim, Oberelsbach.* – Bahnstation in *Gersfeld.*

Parken – Am Rathaus/Marktplatz in *Oberelsbach.*

● **Markt Oberelsbach** – Der malerische, idyllische Ferienort *Oberelsbach* mit seinen Ortsteilen *Ginolfs, Sondernau, Unterelsbach* und *Weißbach* ist ideal für den Urlauber, der Ruhe und Erholung sucht. Mitten im *Biosphärenreservat* am Fuße der *Hohen Rhön* (420–800 m) liegt der traditionsreiche Ort. Sehenswert sind in *Oberelsbach* die barocke Pfarrkirche *St. Kilian* sowie die Naturdenkmäler *Steinernes Haus* und *Gangolfsberg* mit *Teufelshöhle* und den *Basaltsäulen.* Das Naturschutzzentrum und Fremdenverkehrsbüro bietet Information, Betreuung und Gestaltung von Tagesausflügen und geführten Wanderungen. In *Ginolfs* gibt es einen *Rhönschafladen* und eine der größten *Rhönschafherden* des *Bundes Naturschutz* in *Bayern.*

● **Oberelsbach – Schweinfurter Haus – Steinernes Haus** – 2½ Stdn – Vom *Marktplatz* re in die *Marktstr,* Ri *Kirche* zur *Rathgeberstr,*
MA li mit *Z [Rundweg 6]* und *Ww [SWH].* Am Ende der *Rathgeberstr*
MW *Ww [Schweinfurter Haus 4 km], Z [SWH, Blaues Doppeldreieck, HWO 5, Roter Keil].* Re auf Feldweg aufw, gleich wieder li durch den Wiesengrund, in den Wald hinein, am *Elsbach* entlang im Wald aufw, Forstweg überqueren, immer *Z [Rundweg 6, SWH, Blaues Doppeldreieck]* folgen bis *Schweinfurter Haus* (s. auch S. 128). Vor dem *Schweinfurter Haus* li, *Z [Roter Keil, HWO 5], Ww [Heidelstein],* nach ca. 100 m re in den Wald hinein, auf
MW schmalem Weg immer mit *Z [Roter Keil]* aufw, am Fuße des *Gangolfsberges* entlang. Später geht der Weg auf einem Forstweg immer ger. In der scharfen Rechtskurve den Forstweg wieder verlassen, *Z [Roter Keil],* ger in den Wald aufw auf schmalem Weg. Nach ca. 500 m li abw, auf einem Steg über den *Elsbach,* wieder steil aufw zur Str. Re an der Str entlang bis *Ww [Steinernes Haus 2 km], Z [Roter Keil],* li über Wiesenweg, durch Wacholderhecken bis zum Basaltsee *Steinernes Haus.*

● **Basaltsee Steinernes Haus** – „Steinernes Haus" nennen die *Rhöner* den anstehenden Basalt dort um den See. Tatsächlich er-

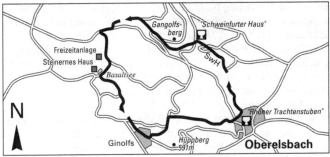

innern diese Säulen an eine riesige, halb eingefallene Wand aus
schwarzen Ziegeln. Der See entstand durch den Abbau des wertvollen Gesteins bis tief in die Erde, bis Wasser einbrach. Am See
sind Ruhebänke und Tische zum Verweilen aufgestellt.

● **Steinernes Haus – Ginolfs – Oberelsbach** – 2 Stdn – Über den P
mit Z *[Blauer Keil]*, Ww *[Ginolfs 3 km]*, abw durch den Wald, nach *MW*
ca. 100 m li, Z *[Blauer Keil]*. Abw bis zu einer Waldwiese, nach ca.
80 m li (!) in den Wald, Z *[Blauer Keil]*, ein Bächlein überqueren,
auf Hohlweg im Wald abw bis auf einen Forstweg. Re abw, aus
dem Wald heraus, Forstweg verlassen, ger abw, Z *[Blauer Keil,
Rundweg 4]* bis *Ginolfs*. Dort auf *Friedhofsweg* abw bis zur *Dorfstr,*

an der *Kirche* vorbei, li Str *Zum Weinberg* aufw, re Str *Rhönblick,*
MW *Z [Rundweg 1].* Dann *Buchenweg* aufw, auf Feldweg re steil aufw,
MW *Z [Rundweg 1]* zum *Z [Rundweg 5].* Hier herrliche Aussicht über
Ginolfs und die Höhen der *Rhön.* Auf Feldweg in den Wald hin-
ein, an der Kreuzung re, *Ww [Oberelsbach], Z [Rundweg 5],* leicht
abw auf Feldweg, immer mit *Z [Rundweg 5]* bis nach *Oberelsbach.*
Am *Sportplatz* vorbei zur *Rhönstr* re, dann li in die *Marktstr* bis
zum *Spezialitätengasthof „Rhöner Trachtenstuben".*

● **Rhöner Spezialitätengasthof „Rhöner Trachtenstuben"** – Zentrale Lage am Marktplatz, mit einer Ausstellung von *Rhöner
Trachten.* Herrlicher Biergarten unter Linden. Gepflegte Atmosphäre. Behagliche Gästezimmer mit Du/WC. Die Rhöner Spe-
zialitätenküche bietet neben Schnitzelvariationen auch Wild,
Lamm, Fisch und Geflügel. Kinderteller, Seniorenportionen.
Günstige Preise. – *Ru = Do.*

● **Deutsches Tabakpfeifenmuseum** – Direkt neben der Kirche im
Valentin-Rathgeber-Haus, auch *Altes Schulhaus* genannt, befindet sich das *Tabakpfeifenmuseum.* Die umfangreiche Sammlung
gibt anhand von ca. 2500 Exponaten einen Überblick über die
Geschichte des Rauchens in Deutschland vom 16. Jh. bis heute.
Schwerpunkte der Ausstellung sind: Tabak als Heilmittel – Die
Tabakpflanze – Tabakpfeifen aus den Materialien Ton, Holz,
Porzellan und Meerschaum in unterschiedlichen Grundformen
und Dekoren. Aber auch das Tabakschnupfen, Zigarrenkisten
und -spitzen und der Funktionswechsel der Tabakpfeife sind
erwähnt. Ergänzt wird die Sammlung durch graphische Darstellung zum Thema „Der Pfeifenraucher im Bild" und Beispiele für
Tabakwarenreklame.

Rundweg um Wechterswinkel

Weg und Zeit – 3½ km – 1 Std.
Charakteristik – Zunächst ebene Wegstrecke auf Teerstr. Dann
Wald- und Wiesenwege mit leichten Steigungen und Abstiegen.
Auf bequemem Weg entlang der *Els* zurück nach *Wechterswin-
kel.*
Anfahrt – B 279 von *Bad Neustadt* bzw. *Fulda,* Abfahrt Ri *Ober-
elsbach.* In *Unterelsbach* Ri *Bastheim.* – B 19 *Bad Neustadt – Mei-
ningen,* in *Unsleben* Ri *Wechterswinkel.*
Parken – An der *Gaststätte Klosterschänke* oder am ausgewiese-
nen Wald-Ⓟ.

● **Gaststätte Klosterschänke** – Ruhig gelegenes Gasthaus mit
familiärer und ungezwungener Atmosphäre. Gutbürgerliche Küche mit Spezialitäten aus der hauseigenen Metzgerei, z. B. Gu-

oben: *Blick vom Neustädter Haus in die Rhön*
unten: *Badespaß im Rhön Park Hotel*

oben: *Blumenpracht im klassisch angelegten Kurgarten*
in Bad Kissingen

unten: *Ehemaliges Damenstift in Wasungen, heute Stadtmuseum*

oben: Katholische Pfarrkirche St. Georg in Bischofsheim,
im Hintergrund der Kreuzberg

unten: Kloster Kreuzberg

oben: *Das barocke Kellereischloss in Hammelburg*
unten: *Kloster Wechterswinkel*

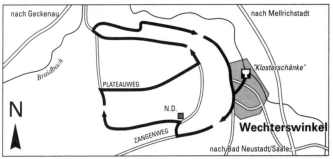

lasch mit handgemachten Spätzle. Leckere Brotzeiten. Mittags-
tisch. Einfache Gästezimmer. Günstige Preise. – *Ru = Mo.*

● **Der Wanderweg** – Von der *„Klosterschänke"* in der Ortsmitte re,
Ww [P *Wanderer]*, li in und durch den *Balserweg* zu Spielplatz mit
Weg- und Streckenbeschreibungen. Dann führt re ein fast ebener
Teerweg mit dem Wanderzeichen *[Blaues Schild, Rundweg 8]* Ri MA
Wald. Nach 400 m mündet re ein Schotterweg in den Wald. Hier
befindet sich der vorher erwähnte Wander- P . Von hier aus geht
es li auf den *Zangenweg (braunes Holzschild)*. Nach 500 m führt
die Wegstrecke nach re in den *Plateauweg*. Nach 250 m geht der
Weg an einer kleinen Kreuzung *ohne Markierung* wieder nach re OM
und ein mittlerer Abstieg von 200 m führt li auf einen Schotterweg, *[Rundweg 8]*. Innerhalb kurzer Zeit erreicht man den schö- MA
nen Aussichtspunkt *„Klosterblick"*. 400 m ger, dann re hinab
durch ein Wäldchen auf einen Schotterweg. Hier geht es re in Ri
einer Teerstr (Fahrradweg). Auf dieser Str geht es zurück nach
Wechterswinkel und zur *„Klosterschänke"*. Ein anschließender
Rundgang durch das Örtchen mit seinem ehemaligen Zisterzien-
serinnen-Kloster (erbaut: 1134–1150) ist als Ergänzung empfehlenswert.

● **Weitere Wanderwege** – *Wechterswinkel* und seine Umgebung
kann man auf drei weiteren Rundwegen, Markierungen *[Blaue
Schilder 1, 2, 3]* mit Wegstrecken zwischen 2 und 4 km erkunden.

Bad Neustadt – Stadtrundgang – Wanderwege

Weg und Zeit – Ca. 1 Std (ohne Besichtigungen).
Anfahrt – A 7, Ausf. *Fulda-Süd* bzw. *Bad Brückenau*, B 27 bis *Döllbach*, hier auf B 279 bis *Bad Neustadt*. – Von *Schweinfurt* bzw. *Meiningen* B 19 bis *Bad Neustadt*. – Bahnverbindung *Heilbronn – Würzburg – Erfurt*. Busverbindung *Gersfeld – Bischofsheim – Bad Neustadt*.
Parken – Am Busbahnhof.

● **Bad Neustadt** – Der Ort wurde schon im frühen Mittelalter erwähnt. Ziegelrote Dächer, Türme und winklige Gassen sind für *Bad Neustadt* typisch. Sehenswert ist vor allem die herzförmige mittelalterliche Wehranlage, deren etwa 1½ km lange Mauer Anfang des 13. Jh. erbaut wurde. Aus dem Jahre 1282 stammt das erste Stadtsiegel, welches zum Stadtwappen wurde. 1853 wurde die Salzquelle gefasst und das erste Badehaus errichtet und damit der Grundstein für das heutige Kur- und Heilbad gelegt. 1934 wurde der kleine Nachbarort *Bad Neuhaus* eingemeindet und das Prädikat „Bad" übernommen. 1972 und bei der Gebietsreform 1978 wurden die Orte *Dürrnhof, Mühlbach, Löhrieth, Herschenfeld, Brendlorenzen* und *Lebenhan* eingemeindet.

● **Der Rundgang** – Vom Busbahnhof über den Steg, der die *Mühlbachstr.* überspannt, zur *Salzpforte.* Vom Steg guter Rundblick auf die *Stadtmauer* mit den dahinter liegenden roten Dächern. Li *Hohntor,* ger Turmspitze der *Karmelitenkirche,* re die *Salzburg.* Die **1) Salzpforte** ist seit 1232 der einzige Mauerdurchbruch gen Süden. Der *Salzpforte* folgen, dann re in die *Roßmarktstr.* Vorbei am *Konventbau* zur **2) Karmeliten-Klosterkirche.** Die barock ausgestattete Kirche ist eine kunsthistorische Kostbarkeit *Frankens.* Nach einer großen Pestepidemie stifteten 1352 Neustädter Bürger ein Grundstück sowie einen reichlichen Betrag, um ein Kloster und die Kirche im gotischen Stil zu errichten. Barockisierung im 17. Jh. Sehenswert die *Annakapelle,* die *Willorgel,* die *Loretto-Kapelle,* die *Kassettendecke* und die herrlichen *Altäre.* Im angrenzenden *ehem. Konventgebäude* sind heute Amtsgericht und Justizverwaltung untergebracht. – Am *Rathaus* vorbei zur *Spörleinstr.* Am *Zollhäusle* und *Spörleintor* li, entlang der *Stadtmauer* zur **3) Kath. Pfarrkirche „Mariä Himmelfahrt",** 1793/1836 über Fundamenten von mindestens drei mittelalterlichen Kirchen im klassizistischen Stil erbaut. Die Innenausstattung ist schlicht gehalten. Imposant jedoch die optische Wirkung, die durch die mächtigen 28 korinthischen Säulen bestimmt wird. – Weiter zum **4) Marktplatz** mit dem Marktbrunnen und der Säule der *„Marktbärbel".* Re in die *Schuhmarktstr.* Li durch die *Bauerngasse* mit ihren kleinen winkligen Häusern zum **5) Hohntor,** dem Wahrzeichen von *Bad Neustadt,* erbaut 1578/79. Der sechsgeschossige Torturm ist aus Quadersteinen gesetzt und wird von charakteristisch geschweiften Renaissance-Giebeln bekrönt. Über der Durchfahrt

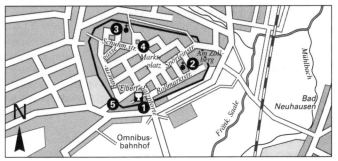

steht die Statue des *St. Kilian.* Im Turm ist das Heimatmuseum untergebracht, das bei Stadtführungen zu besichtigen ist. Hinter dem *Hohntor* li über *Rahmenweg* zur *Salzpforte,* dem Ausgangspunkt.

● **Café-Konditorei Elbert –** Das Café bietet neben leckeren Kuchen und Torten auch Eis und Pralinen aus der eigenen Konditorei. Außerdem kleine Speisen wie Suppen, Reibekuchen u. v a. Helle gepflegte Räume und freundliche Atmosphäre. Mittlere Preise. – *Kein Ru.*

● **Wanderwege**

1) Bad Neustadt – Bad Neuhaus – Luitpoldhöhe – Dürrnhof – Rödelmaier – Herschfeld – Bad Neustadt (10 km).

2) Bad Neustadt – durchs Tal der *Fränk. Saale – Heustreu – Altenburg – Rederkreuz – Bad Neustadt* (13 km).

3) Bad Neustadt – Mühlbach – Salz – Hohenrod – Bad Neustadt (8 km).

4) Bad Neustadt – Bad Neuhaus – Wurmberg – Löhrieth – Löhriether Höhe – Ruine Salzburg – Bad Neuhaus – Bad Neustadt (14 km).

● **Weitere Sehenswürdigkeiten**

Vom *Kurviertel* aus erreicht man auf einem Spaziergang die **Salzburg,** die einst zu den größten Burgen *Deutschlands* gehörte. – Am *Kurpark* liegt **Schloss Neuhaus,** die Keimzelle des Kurbetriebes in *Bad Neustadt.*

Die Rhön in Deutschlands Mitte

Das Wandern könnte hier erfunden worden sein: der erste Deutsche Wandertag fand in *Fulda* statt. Später begann man mit dem Segelflug auf der *Wasserkuppe*, 1925 erfand *Otto Feick* in *Schönau* das Rhönrad, die älteste Deutsche Holzschnitzschule bildet seit 145 Jahren in *Bischofsheim* aus und *Karl der Große* ist daran schuld, dass das älteste fränkische Weinbaugebiet in und um *Hammelburg* liegt.

Europäische Spitze ist das *Orgelbaumuseum* im *Schloss Hanstein* in *Ostheim*, hier steht auch die größte und älteste *Kirchenburg* der Republik. Einzigartig ist das *Deutsche Tabakpfeifenmuseum* im *Markt Oberelsbach*. Ein Dutzend Heilbäder und Kurorte sorgen für die Gesundheit der Gäste. Über 5000 km Wanderwege verbinden die *Franken, Hessen* und *Thüringer*. Dazu kommen noch die Radtouren abseits der Autostraßen zwischen *Hochrhön* und *Fränkischem Weinland*, zwischen den Flüsschen *Sinn* im Westen und der *Werra* im Osten.

Das ist die Urlaubs- und Kurregion *Rhön*, fast in der Mitte der Bundesrepublik und seit der Wende wieder nach allen Seiten offen für jedwede Art von Trips und Exkursionen. Im Westen liegen *Vogelsberg* und *Spessart*, im Osten ist der *Thüringer Wald* der Nachbar, im Norden sind die Glanzlichter *Fulda* und *Hünfeld* und im Süden folgt die *Bocksbeutelstraße* ab *Hammelburg* auf dem Weg nach *Würzburg*. Die Mitte macht's, dass man sich hier gern zu Tagungen und Seminaren sowie zu Wanderungen auf Orts- und Fernwanderwegen trifft.

Seit 1991 hat die *Rhön* ein weiteres Adelsprädikat: sie ist seitdem auch *Biosphärenreservat* – über drei Länder hinweg. Infozentren sind im hessischen *Wüstensachsen*, im thüringischen *Kaltensundheim* und in den fränkischen Orten *Oberbach* und *Oberelsbach* – jeweils ausgestattet mit den Verwaltungsstellen des Biosphärenreservates.

Kulinarische Verbindungen schaffen zwei Organisationen: der „Rhöner Charme" und „Aus der Rhön – für die Rhön". In den Verkehrsämtern und Restaurants liegen deren Angebote und Jahresprogramme aus.

Also, was hält Sie noch?

   Auf in

      die Rhön!

Die Rhön:
Naturpark

Wir helfen Ihnen bei der Planung:

Gastgeberverzeichnis: Fränkische Rhön
Hessische Rhön
Thüringische Rhön

- Imageprospekt Rhön
- Pauschalangebote +
  Wandern ohne Gepäck
- Radwandern + Karten
- Ratgeber Rhön-Rat
- Bootwandern
- Camping
- Rhönliteratur
- Ortsprospekte
- Kur + Gesundheit
- Wintersport

Ihr Partner:

Tourist Information Rhön
Spörleinstraße 11
97616 Bad Neustadt/Saale
Telefon (0 97 71) 9 41 08 und 9 40
Telefax (0 97 71) 9 43 00

Burgwallbach – Eiserne Hand – Windshausen – Burgwallbach

Weg und Zeit – 14 km – gut 3½ Stdn.

Charakteristik – Herrlicher, anspruchsvoller Rundwanderweg. Etwas für naturverbundene Wanderer, die nicht nur ausgebaute Wege gehen wollen und den Wald und die Natur lieben.

Anfahrt – A 7, Ausfahrt *Fulda-Süd,* re auf B 40. Bei *Eichenzell* li auf B 27, dann li auf B 279 bis Ausfahrt *Burgwallbach.* – Von *Schweinfurt* B 19 Ri *Bad Neustadt – Meiningen,* nach *Bad Neustadt* B 279 bis Abzweigung *Burgwallbach.* – Von Norden B 285 über *Kaltennordheim, Fladungen* bis *Nordheim.* Landstr über *Oberelsbach* nach *Wegfurt,* B 279 Ri *Bad Neustadt* bis Abzweigung *Burgwallbach.* – Bahnstation *Bad Neustadt* – Busverbindung *Bad Neustadt – Burgwallbach.*

Parken – Beim *Hotel-Restaurant „Waldesruh".*

● **Burgwallbach – Eiserne Hand – Windshausen** – 2½ Stdn – *Liesbachstr* ortseinwärts zur *Kreuzbergstr.* Weiter Ri Ortsmitte. Dann *MA* re *Salzforstweg* aufw, *[Rundweg 1]* folgen. An Gabelung geht Mar*OM* kierung *[Rundweg 1]* li, hier *ohne Markierung* (!) ger weiter bis zur Kreisstr mit Kreuzung *Eiserne Hand.* Ab hier fast ebene Landschaft. An Kreuzung li, nach 50 m re, Str überqueren, weiter mit *MA* *[Blauem Dreieck],* Ww *[Rote Höhle].* Nach ca. 50 m li auf Waldpfad bis Waldweg. Re und nach 50 m li auf weiterem Waldpfad. Nach Überqueren eines Waldweges (re liegt eine Schonung). Nach ca. 700 m li auf Waldpfad (!) durchs *Erdmannstal* nach *Windshausen.* Bis hier führt der Weg ausschließlich durch herrliches Waldgebiet mit der Möglichkeit, bei entsprechender Tageszeit und ruhigem Verhalten auch noch Wild anzutreffen und zu beobachten. *Erdmannstal,* dann li in die *Schmiedegasse* zur Einkehr im *Gasthaus „Zur alten Schmiede".*

● **Gasthaus-Pension „Zur alten Schmiede"** – Behagliche, neu renovierte Gästezimmer. Terrasse. In gutbürgerlicher, gemütlicher Gaststätte wird echt fränkische Kost mit frisch zubereiteten Speisen serviert. Auch Brotzeitteller, Kinderkarte, Seniorenportionen. Hausmacherwurst aus eigener Schlachtung, auch zum Mitnehmen. Alles zu sehr günstigen Preisen. – *Ru = Mo.*

● **Windshausen – Bad – Burgwallbach** – gut 1 Std – Li zum Ortsende und dann der Kreisstr Ri *Burgwallbach* folgen. Nach ca. 1,2 km kurz vor dem Parkplatz li auf *Naturlehrpfad* durch den Wald leicht abw bis zum Schotterweg. Re bis *Bad.* Li hinter *Bad* auf gutem Weg aufw nach *Burgwallbach.* Schöner Rundblick von der Höhe vor *Burgwallbach.* Bei *Kirche* re abw zur *Kreuzwegstr.* Li über *Kreuzwegstr* und *Liesbachstr* zum Ausgangspunkt zurück.

● **Hotel-Restaurand-Café „Waldesruh"** – Direkt am Waldrand gelegen. Komfortable Zimmer, Sauna, Solarium. Angelsee. Gar-

tenterrasse mit herrlichen Blick auf das *Liesbachtal.* Die Gasträume mit Kaminzimmer sind gemütlich, z. T. rustikal eingerichtet. Gepflegter ländlicher Charme mit herzlicher Atmosphäre.
Fränkische Küche mit vielseitigem Speiseangebot, Hausmacherwurst aus eigener Schlachtung. Auch Vollwert- und vegetarische Kost. Mitglied der Aktion „Rhöner Charme". Günstige
Preise. – *Ru = Mo.*

Bischofsheim – Stadtrundgang – Wanderungen

Weg und Zeit – Ca. 1 Std ohne Besichtigungen.
Anfahrt – A 7, Ausf. *Fulda-Süd* bzw. *Bad Brückenau*, B 27 bis *Döll-bach*, hier auf B 279 Ri *Bad Neustadt* bis *Bischofsheim*. – Von *Schweinfurt* bzw. *Meiningen* B 19 bis *Bad Neustadt*, dann B 279 bis Abzweigung *Bischofsheim*. – Bahnstation in *Gersfeld* oder *Bad Neustadt*, dann Busverbindung *Gersfeld – Bischofsheim – Bad Neustadt*.
Parken – Am und rund um den Marktplatz.

● **Bischofsheim** – *Der Ort* ist mit seinen Stadtteilen *Franken-heim, Haselbach, Oberweißenbrunn, Unterweißenbrunn* und *Weg-furt* staatl. anerk. Erholungsort. Die Gründung von *Bischofsheim* um 750 wird auf den *hl. Bonifatius* zurückgeführt. – Rund um *Bischofsheim* gibt es zahlreiche markierte Wanderwege, Natur-lehrpfade und Erholungsanlagen. – Wintersportangebot: Loi-pen, Pisten und Winterwanderwege. – Beliebte Ausflugsziele: der *Kreuzberg*, das *Irenenkreuz*, die *Franzosenmauer,* die *keltische Ringwallanlage,* das *Rhönhäuschen* und die Stadtteile mit ihren Sehenswürdigkeiten.

● **Der Rundgang** – Vom *Marktplatz* über die *Nepumukbrücke* zur **Josefkapelle**. Vor der *Josefkapelle* li *Kreuzbergstr* bis *Am Pfarr-graben*. Gegenüber Weg zur **Stadtmauer**. Re in *Färberzwinger* zur stillgelegten *Braunmühle*. Das Mühlrad ist noch sichtbar. Re *Löwenstr* bis *Haus Nr. 17*. Hier li weiter an der größtenteils erhal-tenen *Stadtmauer* entlang. Z. T. ist die *Stadtmauer* mit Häusern hintermauert. Nach 50 m in 3 m Höhe Inschrift über den Erbau-er der Stadtmauer, wonach sie 1607/08 entstand. Weiter zur **Thorschmiede** (1816), dem früheren Osttor der Stadt. Re an der *Thorschmiede* vorbei, li *Hermann-Fromme-Weg* zum **Rentamt** mit historischer steinerner Wendeltreppe. Der **Zehntturm** zwischen *Rentamt* und der *kath. Stadtpfarrkirche* ist das Wahrzeichen der Stadt. Das fünfgeschossige Bauwerk ist vermutlich Anfang des 13. Jh. im spätromanischen Stil erbaut worden. Das aus Fach-werk bestehende 5. Geschoss stammt allerdings erst aus nach-gotischer Zeit. Ursprünglich war der *Zehntturm* vermutlich der Westturm der alten romanischen Stadtkirche. Später diente er als Wohnung des Stadttürmers. – Die **Stadtpfarrkirche St. Georg** wurde 1607/10 im spätgotischen Stil errichtet, 1965/66 erweitert und renoviert. Sehenswert: Kanzel mit durchbrochenem Trep-penaufgang aus der Bauzeit der Kirche, Taufstein (17. Jh.), die neugotischen Altäre von 1887. Beeindruckend sind auch die 10 Säulen mit gotischen Bögen, die Decke und Dach der Kirche tragen. – Auf dem **Marktplatz** zwei gusseiserne Brunnen (1582). – Bemerkenswert ist auch das in der *Fastnachtgasse 4* befindliche *orthodoxe Gotteshaus* mit seinem goldenen Glockenturm.

● **Gasthaus Sonne** – In gemütlichen Gasträumen und im Bier-garten direkt am Marktplatz genießt man gutbürgerliche Küche.

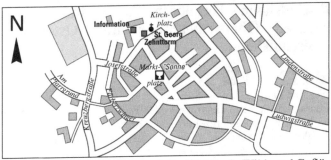

Neben Braten mit Knödeln und div. Schnitzel-, Wild- und Geflügelgerichten gibt es auch Salatvariationen und Pizza. Spezialität: Kreuzberg-Pfännchen und Rhöner Bauernpfanne. Bier vom Fass, offene Weine. Moderate Preise. – *Ru = Mo.*

- **Wanderwege** – Zum *Bauersberg* (6 km). – Nach *Frankenheim* (4 km). – Zur *Sprungschanze* (7 km). – Rund um den *Finkelberg* (4 km). – Zum *Käuling* (9 km).

145

Bischofsheim – Haselbach – An den drei Kreuzen – Oberweißenbrunn – Ruine Osterburg – Bischofsheim

Weg und Zeit – 13 km – 4 Stdn.

Charakteristik – Ein anspruchsvoller Wanderweg zu den Höhen und Tälern der *Rhön* mit herrlichen Rundblicken.

Anfahrt – A 7, Ausf. *Fulda-Süd*, re auf B 40. Bei *Eichenzell* B 27, dann B 279 bis *Bischofsheim*. – Von *Würzburg* A 7, Ausf. *Bad Brückenau-Wildflecken*, B 286 Ri *Bad Brückenau*, re auf Landstr nach *Bischofsheim*. – Von *Schweinfurt* auf B 286. In *Poppenhausen* re auf B 19. Hinter *Bad Neustadt* li auf B 279 Ri *Gersfeld* bis *Bischofsheim*. – Bahn bis *Gersfeld*, dann Busverbindung *Gersfeld – Bischofsheim – Bad Neustdt*.

Parken – P am Marktplatz und in der Umgebung.

● **Bischofsheim – Haselbach – An den drei Kreuzen – Oberweißenbrunn** – gut 2 Stdn – Vom *Marktplatz* (450 m) durch die *Josefstr*, li *Kreuzbergstr* bis 100 m nach *Ortsausgangsschild*. Li *Hofgut*, dann

MA re *Haselbachstr, [Blaue Pfeilspitze]*. Fast am Ende der Str li aufw und vor Wiese re. Waldweg überqueren, steil aufw, vorbei an *Gebetssäule* bis *An den drei Kreuzen* (722 m). Herrlicher Rundblick. Re zur Str. Diese überqueren und re auf Wiese zur Kreuzung.

MW Kurz vor der Kreuzung *[Roter Tropfen]* und *Ww [Oberweißenbrunn 3 km]*. Str überqueren. Mit *Ww [Oberweißenbrunn 3,5 km]* und *[Rotem Tropfen]* re (!). Hier zeigt sich die ausgesprochen kar-

MW ge Rhönlandschaft in ihrer ganzen Schönheit. Mit *[Rundweg 1]* li über Wiese, li am Wbh vorbei. Herrlicher Blick auf *Oberweißen-*

MW brunn. *[Rotem Dreieck]* bis zum Ort folgen. Hinter Gasthaus *Mühlengrund* in *Mühlstr*. Li zur *Geigensteinstr* zum

● **Gasthof-Pension „Zum Lamm"** – Traditionsreicher Gasthof mit modernem Komfort. Behagliche Gästezimmer. Gemütliche Gasträume mit angenehmer Atmosphäre, Garten. Bekannt gute Küche mit deftigen Schmankerln, Schnitzel u. Wild. Spezialitäten vom Lamm und aus Neptuns Reich. Auch Rhöner Brotzeitteller, Bio-Frühstück. Mittl. Preise. – *Kein Ru.*

● **Oberweißenbrunn – Ruine Osterburg** – gut 1 Std – Vom *„Lamm"* auf gleichem Weg mit *[Rotem Dreieck]* zurück zum *Ww*. Hier li, *Ww [Bischofsheim]*, an der Baum- und Strauchreihe entlang. Ausblick! An *Liftstation* re über Behelfs-P, li abw. Nicht die Str überqueren, li abw. Rundblick! Re aufw zur Str und li im Wald zur

● **Ruine Osterburg** – Entstehung der Burg nicht bekannt. Vermutlich handelte es sich um eine romanische Burg, die 1270 erstürmt und zerstört wurde. Sie wurde 1897 durch Zufall beim Bau eines Waldweges wieder entdeckt und freigelegt.

● **Ruine Osterburg – Bischofsheim** – knapp 1 Std – Der Weg führt über die Burg oder – mit herrlicher Aussicht – re um die Burg her-

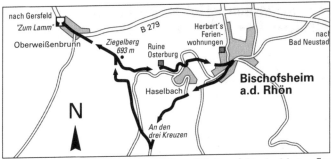

um. Stark abw bis Waldweg. Schöner Blick auf *Bischofsheim*. Str überqueren, über Wiese abw. Str nochmals überqueren, über Wiesen hinter Häuserzeile li zum *Zentweg, [Rotes Dreieck]*. Li *Kreuzbergstr* bis *Am Pfarrgrund*. Li bis Ende des Friedhofs und zu *Herbert's Ferienwohnungen*. Vor Wohnanlage re, *Rhönstr*, vor *Josefskapelle* li zum *Marktplatz*.

● **Herbert's Ferienwohnungen** – Neuerbaute, komfortable Ferienwohnungen, teils rollstuhlgerecht, in herrlicher, ruhiger Aussichtslage. Liegewiese und Grillmöglichkeit. Fahrräder stehen zur Verfügung. Unterstellraum für Modellflieger und Skifahrer. Rollstuhlgeeignete Spazierwege in der Umgebung.

Rhönhäuschen – Holzberg – Fernsehsender Heidelstein – Rotes Moor – Rhönhäuschen

⬚ ⬚ ⬚ ⬚ ⬚ ⬚ ⬚

Weg und Zeit – 11 km – 3 Stdn

Charakteristik – Anspruchsvoller Wanderweg, der dem Charakter der *Rhön* entspricht: Natur pur!

Anfahrt – A 7, Ausf. *Fulda-Süd* bzw. *Bad Brückenau*, B 27 bis *Döllbach*, hier auf B 279 Ri *Bad Neustadt* bis *Bischofsheim*, dann li auf B 278 Ri *Tann* bis *Rhönhäuschen*. – Von *Schweinfurt* bzw. *Meiningen* B 19 bis *Bad Neustadt*, dann B 279 bis Abzweigung *Bischofsheim*, dann li auf B 278 Ri *Tann* bis *Rhönhäuschen*. – Bahnstation in *Gersfeld* oder *Bad Neustadt*. Keine Busverbindung.

Parken – Gäste-Ⓟ am *Rhönhäuschen*.

● **Der Ort** – Das *Zollhaus* wurde 1838 als Zollstelle zwischen *Bayern* und *Preußen* errichtet, da hier die Grenze verlief. Es erfüllte nur 28 Jahre lang seinen Zweck. Später wurde es Straßenwärterhaus. Um die Jahrhundertwende konnte man hier schon Bier und Erfrischungen bekommen. Bis 1956 gehörte es dem Freistaat Bayern und wurde dann an privat veräußert. Es ist heute Teil des Hotels *Rhönhäuschen*, ein Appartement des Hotels wurde hier eingerichtet.

● **Rhönhäuschen** – Im historischen Stil erhaltenes, exklusives Hotel und Restaurant, das mit viel Liebe und wertvollen Antiquitäten aus dem fränkischen Raum eingerichtet ist. In behaglicher, komfortabler und romantischer Atmosphäre kann man alles bekommen, was Gaumen und Magen Freude bereitet. Viele Vorspeisen, Zwischengerichte und Nachspeisen runden ausgesprochen gute und vielseitige Hauptgerichte ab. Im Hotel werden sowohl preisgünstige Wandererquartiere mit fließend Kalt- und Warmwasser als auch behagliche, komfortable Gästezimmer mit Du, WC, Telefon und TV bis hin zum Appartement angeboten. Besonders idyllisch wohnt sich's im alten Zollhaus. Gehobene Preislage. – *Kein Ru.*

● **Rhönhäuschen – Holzberg – Fernsehsender Heidelstein** – 1½ Stdn – Vom *Rhönhäuschen* 650 m Ri *Tann*, re von B 278 zum Waldweg, *[Blaues Dreieck]*. Am Waldweg re und sofort wieder li. Einen rauschenden Bach überqueren. Hinter dem Bach bei Weggabelung re halten. Am kleinen idyllischen See inmitten des Waldes entlang aufw, *Ww [Holzberghof]*. Auf Lichtung schöner Rundblick. Weiter zum *Jagdschloss Holzberg*. Im frühen 16. Jh. errichteten *Freiherren von Thüringen* hier eine Eisenschmelze. 1614 wurde der ältere Teil des Schlosses (Forsthaus) von *Julius Echter von Mespelbrunn* gebaut. 1910 wurde das heutige Schloss angebaut und ist eine Kopie des dänischen Wasserschlosses *Frederikstein*. Seit 1954 befindet sich das Schloss in Privatbesitz. Li am Jagdschloss

MA

vorbei bis Waldweg. Kurzes Stück re, dann li über Wiese, nicht die Str überqueren. Herrlicher Rundblick. *Ww [Hildenstein]* folgen, li zum Wald, durch das *NSG Lange Rhön* re aufw zum *Fernsehsender Heidelstein* (926 m).

● **Fernsehsender Heidelstein – Rotes Moor – Rhönhäuschen –** 1½ Stdn – Vom *Heidelstein* li abw zum *Roten Moor, [Rotes Dreieck mit gefüllter Spitze].* Wunderschöner Rundblick auf die *Wasserkuppe* und andere Gipfel der *Rhön.* Mit *[Rotem Dreieck]* Waldweg re an *Schützhütte* und später *DSV-Hütte* vorbei. Am Ⓟ die Str direkt überqueren, *[Blauer Tropfen],* durch das *NSG Rotes Moor* mit See. Ein Rundgang um das Moor ist möglich (zusätzl. 3 km). Weiter mit *[Rotem Tropfen],* an Kreuzung li, *Ww [Schwedenwall]. [Blaues Dreieck]* kommt dazu, auf wunderschönem Waldweg bis zum Ende gehen. Li *[Blauem Dreieck]* folgen, re ist der Ⓟ *Schwedenwall* zu sehen. Am Wegesrand sind Grenzsteine *Bayern/Preußen* noch sehr gut erhalten. Vor Wegeinmündung von li re über Wiese, mit Markierung *[Rundweg 1]* abw. Re halten, durch Wald zur B 278. Re 200 m zum *Rhönhäuschen* (765 m).

MW
MW
MW
MW
MW

● **Weitere Wanderziele**

Hochwildschutzpark „Ehrengrund" bei Gersfeld. – Simmelsberg. – Teufelsberg – Oberweißenbrunn – Hohe Hölle.

Sandberg – Kreuzberg – Neustädter Haus – Kilianshof – Sandberg

◨ △ ▨ ⊞

Weg und Zeit – 9 km – 2½ Stdn.

Charakteristik – Ein lohnender Rundwanderweg führt durch überwiegend bewaldetes Gebiet mit wunderschönen Aussichtspunkten.

Anfahrt – A 7, Ausf. *Fulda-Süd*, re auf B 40. Bei *Eichenzell* B 27, dann B 279 bis *Bischofsheim*. Re auf Landstr Ri *Sandberg*. – Von *Würzburg* A 7, Ausf. *Hammelburg*, B 27 bis *Bad Kissingen*, dann B 286 Ri *Bad Brückenau*, re auf Landstr über *Burkardroth, Stangenroth* nach *Sandberg*. – Von *Schweinfurt* auf B 286. In *Poppenhausen* re auf B 19. Vor *Bad Neustadt* li auf Landstr über *Steinach a. d. Saale* und *Schmalwasser* nach *Sandberg*. – Bahn bis *Bad Neustadt*, dann Busverbindung *Bad Neustadt – Sandberg – Burkardroth*.

Parken – Entlang der *Kreuzbergstr* oder Gäste-Ⓟ am *Café-Bistro-Weinstube Romantika*.

● **Sandberg – Kreuzberg – Neustädter Haus** – 1¾ Stdn – Vom *Café Romantika* in Ri *Bischhofsheim* ger zur *Ziegelhütte*. Nicht den Weg zur *Neustädter Hütte* wählen, sondern li der Asphaltstr folgen. Herrlicher Rundblick. Erster Weg re am *Wbh* vorbei, dem *MA* *[Blauen Tropfen]* folgen, leicht aufw. Vorbei an *Schutzhütte*. Hier sind an der Außenwand der Hütte die heimischen Vögel gezeichnet und beschrieben. Weiter aufw. Weg kommt von re, danach (!) nach ca. 100 m re aufw. Die Markierungen sind gut angebracht. Auch hier wunderschöner Blick ins Tal. Am ausgebauten Waldweg li und nach 50 m re aufw. Am *Maria-Brünnlein* vorbei, dann li auf Waldweg. Nach wenigen Metern erneut re aufw zum *Kloster Kreuzberg* (Einkehrmöglichkeit und Klosterkirchenbesichtigung, *MW* s. S. 154). Re an der *Klosterkirche* vorbei mit *[Rotem Dreieck]* und *Ww [Neustädter Haus]*. (Lohnender Abstecher re über Treppe aufw zur Kreuzigungsgruppe *Golgatha*.) An Skiliften re vorbei und re in Wald einbiegen. Vorbei an *Schutzhütte der Bergwacht*. Schlechte Markierung (!), auch *[Rundweg 3]* folgen. Weiter über Waldweg. Bei Wegeinmündung li, dann sofort re zum *Neustädter Haus* (750 m).

● **Neustädter Haus** – Bewirtschaftetes Haus des Rhönklubs mit 60 Übernachtungsmöglichkeiten. Herrliche Aussichtsterrasse. Gute Hausmannskost und fränkisch-thüringische Gerichte. Eintöpfe, Braten. Spezialität: Hefekloß mit Heidelbeeren. Günstige Preise. – *Ru = Mo*.

● **Neustädter Haus – Kilianshof – Sandberg** – ¾ Std – Re neben *MW* *Neustädter Haus* abw über Wiese, dem *[Blauen Dreieck]* folgen bis zur Kreisstr. Li 250 m, dann re nach *Kilianshof*. Den Ort durchwandern und von *Küppelstr* in *Eichenweg* einbiegen, *[Blau-*

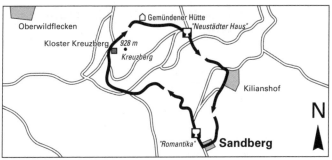

es Dreieck]. Am Wegkreuz *(Großer Fels mit Eiche)* re, auf *[Rund-* *weg 10]* bis Schotterweg. Li bis Weggabelung, dann re aufw nach *Sandberg.* In *Schulstr,* bis *Kreuzbergstr* und zurück zum Ⓟ und zur Einkehr im

● **Café-Bistro-Weinstube „Romantika"** – Moderne, liebevoll eingerichtete Räume mit besonderem Flair. Herrliche Gartenterrasse, Spielplatz, Grillplatz. Aufmerksamer Service. Neben Kuchen und großer Eiskarte auch kleine Gerichte aus der Grillecke, Suppen, Toasts. Hausgemachte Wurst und Schinken. Sehr günstige Preise. – *ÖZ: 13–22 Uhr, Sa u. So. 10–22 Uhr. – Im Sommer kein Ru; im Winter Ru = Mo.*

Romantika

Café • Bistro • Weinstube

- Kaffee und hausgemachte Kuchen
- Eisspezialitäten
- die besondere Weinstube

Wir freuen uns auf Sie!
Familie Werber

Kreuzbergstraße 112 • 97657 Sandberg • Telefon (0 97 01) 51 39 • Fax (0 97 01) 51 39

Neustädter Haus
– ein Wanderheim des Rhönklubs –

**Die idyllische Einkehr mitten im Wald.
Kommen und sich wohl fühlen
in herrlicher Umgebung.**

Neustädter Haus Nr. 1
97653 Bischofsheim
Telefon (0 97 72) 12 20

Wir freuen uns auf Ihren Besuch!
Familie Cramer

Wildflecken – Feuerberg – Kissinger Hütte – Ziegelhütte – Wildflecken

◪ ⌂ ⌂ ▨ ▣ ✳ ⊠ ▨

Weg und Zeit – 11½ km – 3½ Stdn.

Charakteristik – Herrlicher Wanderweg aus dem Tal von *Wildflecken* durch stattliche Mischwälder hinauf zum *Feuerberg* und zur *Kissinger Hütte*, zurück auf anderem Weg nach *Wildflecken*.

Anfahrt – A 7, Ausfahrt *Bad Brückenau/Wildflecken*, über B 286 Ri *Bad Brückenau*, re abbiegen über Landstr nach *Wildflecken*. – Bahnverbindung bis *Jossa* oder *Gemünden*, dann mit Bus.

Parken – Vor dem *Landgasthof Wildflecken* oder *Bahnhofstr.*

● **Wildflecken – Feuerberg – Kissinger Hütte** – 2 Stdn – Vom *Landgasthof Wildflecken* durch die *Bahnhofstr* Ri *Langenleiten*, mit Z *MA* *[Gelber Tropfen]* über Bahngleise und Str durch Unterführung auf geteertem Weg, nach 50 m re aufw. Nach 5 Min ebener Kiesweg, Ruhebänke, schöne Aussicht. 200 m auf Kiesweg, dann li in den Wald hinein, auf Waldweg aufw. Nach einer ½ Std aufw geht der Weg am Waldrand entlang bis zur Abzweigung re, *Ww [Kissinger Hütte]*. Nach ca. 500 m eine Waldlichtung mit *Ww [Kissinger Hütte 4 km]*. Auf br Waldweg nach 500 m li in den Wald, *[Gelber Tropfen]*. Steiler Anstieg, br Forstweg kreuzen, ger weiter steil aufw auf unbefestigtem Weg und schmalem Pfad li den Hang hinauf. Herrlicher Weg durch Mischwald. Wieder auf br Forstweg re, dann nach li, immer ger. Der Forstweg mündet in eine Wiese, von wo die *Kissinger Hütte* zu sehen ist. Von hier aus sind es noch 1 km bis zur *Kissinger Hütte* auf dem *Feuerberg* in 832 m Höhe. Herrliche Rundsicht bis *Kreuzberg* und *Oberwildflecken*.

● **Kissinger Hütte** – Ein Wanderheim mit Übernachtung in behaglichen Einzel- und Doppelzimmern mit Du und WC sowie Mehrbettenlager. Die Küche bietet ein reichhaltiges Angebot vom kompletten Essen bis zur zünftigen Brotzeit. Sehr begehrt sind Eintopf und Schweinebraten mit Klößen und Rotkohl. Kinderspielplatz am Haus, im Winter Zufahrt geräumt. – *Ru = Mo.*

● **Kissinger Hütte – Ziegelhütte – Wildflecken** – 1½ Stdn – Zunächst 100 m auf dem Hinweg abw, dann re auf Wiesenweg, Z *MW* *[Roter Tropfen]*, durch Fichtenwald, später auf Forstweg durch herrlichen Buchenwald vorbei an stillgelegten *Säulenbasaltsteinbrüchen* ins Tal hinab. Aus dem Wald heraus, nach 200 m an Mehrwegegabel mit Markierung und *Ww*. Von hier ger, *Ww* *MW* *[Wildflecken 3 km], [Gelber Keil]*. Nach ¼ Std liegt li vom Weg die Ansiedlung *Ziegelhütte*. Re die Str überqueren und gleich li (!) auf einem schmalen Pfad entlang der Str durch herrlichen Fichtenwald, mehrmals einen kleinen Bach überquerend steil bergab ins Tal. Aus dem Fichtenwald heraus, kurz auf Forstweg, nach 30 m li (!), schmaler Pfad durch Schonung und Hecken weiter steil abw, *[Gelber Keil]*. Am Ende des Waldes nach li über

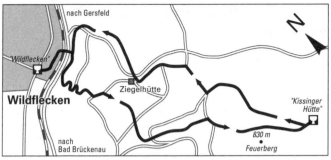

Wiese und Str re auf Kiesweg abw. Von hier ist es noch 1 km bis *Wildflecken,* abw, unter einer Brücke hindurch, über eine Str und über Bahnschienen in die *Bahnhofstr,* zurück zum *Landgasthof Wildflecken.*

● **Hotel-Landgasthof Wildflecken** – In liebevoll renoviertem Fachwerkhaus. Gästezimmer individuell eingerichtet. Gasträume urgemütlich und gepflegt, mit rustikalen Elementen. Die Küche bietet Speisen von der Brotzeit bis zum regionalen und saisonalen Leckerbissen. Auch Vegetarisches, Fisch, Geflügel, Kinderteller. Günstige Wochenend- und Wochenarrangements. – *Kein Ru.*

Kloster Kreuzberg – Guckaspass – Kloster Kreuzberg

◩ ◹ ▨ ✠

Weg und Zeit – 8 km – 2½ Stdn.

Charakteristik – Ein herrlicher Rundwanderweg, fast ein Spaziergang, führt vom meist besuchten Berg der Rhön ausschließlich durch Waldgebiet und ist daher auch an heißen Tagen empfehlenswert. An Sonntagen, Hauptwallfahrtstagen und in den Sommerferien kann es auf dem *Kreuzberg* voll werden.

Anfahrt – A 7, Ausf. *Fulda-Süd,* re auf B 40. Bei *Eichenzell* B 27, dann B 279 bis *Bischofsheim.* – Von *Würzburg* A 7, Ausf. *Bad Brückenau-Wildflecken,* B 286 Ri *Bad Brückenau,* dann re auf Landstr nach *Bischofsheim.* – Von *Schweinfurt* auf B 286. In *Poppenhausen* re auf B 19. Hinter *Bad Neustadt* li auf B 279 Ri *Gersfeld* bis *Bischofsheim.* Von *Bischofsheim* auf der Landstr zum *Kloster Kreuzberg.* – Bahn bis *Gersfeld,* dann Busverbindung *Gersfeld – Bischofsheim – Bad Neustdt* bis *Bischofsheim.*

Parken – Großparkplatz (gebührenpflichtig) am *Kloster Kreuzberg.*

● **Kloster Kreuzberg** – Das Kloster wurde 1679/1692 von unbekannten Baumeistern und Künstlern errichtet und 1692 vom *Würzburger Weihbischof Weinberger* eingeweiht. Die Klosterkirche ist ein verputzter Basalt-Bruchstein-Bau mit Eckquadern aus Sandstein in barockem Stil. Sie wurde im Laufe der Zeit durch An- und Umbauten verändert. Die innere Ausstattung stammt fast vollständig aus der Erbauungszeit der Kirche. Die vier reich vergoldeten Altäre (1690, ergänzt 1771) zeigen schöne barocke Schreiner- und Schnitzarbeiten. *Hauptaltar, Seitenaltäre, Antoniusaltar, Orgelempore, Chor* und *Deckenbilder* machen die Klosterkirche zu einem sehenswerten Kleinod.

● **Der Rundweg** – Hinter der **Klosterkirche** (ca. 900 m), vor den
MA Kiosken re zum letzten Haus. Li mit *[Rotem Tropfen]* abw auf gut ausgebautem, breitem Weg. Durch Wald und über Lichtungen zu einigen schönen Aussichtspunkten. Li am Wegrand *Bildstock* anno 1724 von *Catharina Rederin.* Nach ca. 45 Min auf
MW *[Rundweg 5]* wechseln und nach kurzer Wegstrecke mit *[Gelbem Dreieck]* weiter. Dann abw zum **Guckaspass** (662 m), einem Parkplatz an der Verbindungsstr *Wildflecken–Burkardroth.* Vom
MW Guckaspass re mit *[Rotem Dreieck]* leicht aufw dem *Julius-Kardinal-Döpfner-Weg* folgen. Li über **Teufelsweg** aufw zum *Kreuzberg.* Der Weg führt ausschließlich durch bewaldetes Gebiet. An
MW der Weggabelung dem *[Roten Tropfen]* folgen. Re empfiehlt sich ein Abstecher zum *Rhön-juwel.* Dafür bis Waldrand, dann re.

● **Rhön-juwel** – Attraktive Räumlichkeiten sind der Anziehungspunkt für Freunde von Schmuck, Goldschmiede- und Edelsteinarbeiten. Heimische, nationale und internationale Künstler zeigen in wechselnden Ausstellungen ihre Arbeiten. Liebevoll

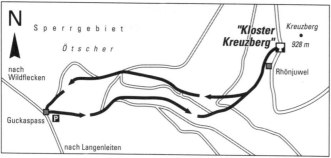

zusammengestellte Geschenkartikel, u. a. aus echten Steinen, runden das Angebot ab.

● **Weiterweg** – Mit *[Blauem Dreieck]* bis **Kloster Kreuzberg**. Lohnender Abstecher über den *Stationenweg* nach *Golgatha*. Herrlicher Blick auf die Landschaft der *Rhön*.

● **Klostergaststätte und Pension Kloster Kreuzberg** – Die Pension bietet einfache Zimmer mit Etagenduschen. In der Gaststätte rustikale, gemütliche Gasträume, Selbstbedienung. Tägl. wechselnde Gerichte wie Gulasch, Schälrippchen, sonntags Schweinehaxe. Auch Vesper, Brezeln. Spezialität ist das bekannte Klosterbier – auch zum Mitnehmen. Sehr günstige Preise. – *Kein Ru.*

Haus der Schwarzen Berge
Informationszentrum im Biosphärenreservat Rhön

Herzlich willkommen im Haus der Schwarzen Berge in Wildflecken-Oberbach! Seit Mai 1997 besteht in der Marktgemeinde *Wildflecken*, Ortsteil *Oberbach*, ein neues multifunktionales Zentrum mit dem Namen „Informationszentrum Haus der Schwarzen Berge". Es beinhaltet eine *Bayerische Umweltstation*, eine Tourist-Info-Stelle und einen Regionalwarenladen. Die Marktgemeinde *Wildflecken* konnte dieses Projekt zur nachhaltigen Entwicklung im *Biosphärenreservat Rhön* im Rahmen des Leader-Programmes der *Europäischen Gemeinschaft* durch Kofinanzierung aus dem *Bayerischen Staatsministerium für Landesentwicklung und Umweltfragen*, dem *Bayerischen Staatsministerium für Ernährung, Landwirtschaft und Forsten*, dem *Landkreis Bad Kissingen* und der *Stiftung für Bildung und Behindertenförderung* durchführen.

Das Informationszentrum *Haus der Schwarzen Berge* liegt am Fuße des Naturschutzgebietes „*Schwarze Berge*", das mit ca. 3160 ha das größte, außeralpine Naturschutzgebiet in *Bayern* ist. Diese Einrichtung dient der Information und Umweltbildung für Einheimische und Urlauber, Erwachsene sowie Kinder, zu Projekten der ländlichen Entwicklung und der Kulturlandschaft und stellt mit seiner Ausstellung zugleich eine touristische Attraktion dar. Eine Info-Stelle bietet die Vermittlung von Zimmern und Ferienwohnungen an, ebenso Dienstleistungen wie z.B. geführte Wanderungen, Kutschfahrten, Gruppenreisen usw.

Durch ein vielfältiges Angebot von Ausstellungen, Veranstaltungen, Workshops, Kursen, Fachvorträgen und Führungen durch eigene Landschaftsführer soll das Bewusstsein für die Entwicklung der Umwelt und die Eingriffe durch den Menschen gestärkt werden.

Seit Mai 1998 ist das Zentrum international geworden. Man kann dort eine eindrucksvolle Ton-Dia-Schau (17 Min.) in deutsch, englisch und französisch anschauen. Ein reichhaltiges Filmangebot erwartet ebenfalls die Besucher. Wer sich etwas Zeit nimmt, kann bei einer Rallye durch das Haus spielerisch die *Rhön* kennen lernen (es gibt ausgearbeitete Rallyes für verschiedene Altersstufen).

Im Regionalwarenladen gibt es heimische Produkte, wie z.B. frisches Bauernbrot, Hausmacherwurst, Ziegenkäse, Honig, Schnaps, Säfte, Kunsthandwerk, Rhönliteratur u.v.m. zu kaufen. Das Bistro lädt zur Stärkung mit regionalen Produkten sowie Kaffee und Kuchen ein.

Das Haus bietet jährlich ein buntes Veranstaltungsprogramm: Streuobstfest, Mal-, Schnitz- und Bastelkurse u.v.m. Ein eigenes Heft wurde hierzu erstellt.

In der einmaligen, abwechslungsreichen Parklandschaft kann man sowohl auf kurzen Tagesstrecken als auch während einer langen Wanderung eine in Mitteleuropa einzigartige Kulturlandschaft erleben, die vor allem wegen des reizvollen Wechsels ausgedehnter Buchenwälder mit Wiesen und Hutungen sowie unberührten Bachtälern ihren Ruf als „Wanderparadies im Herzen Deutschlands" genießt.

Öffnungszeiten: April bis Oktober: Dienstag bis Freitag 10–18 Uhr, Samstag und Sonntag 10–17 Uhr, November bis März: Dienstag bis Sonntag 10–16 Uhr. – Ru = Mo.

● **Wanderwege**

Am *Haus der Schwarzen Berge* ist Start und Ziel von drei Wanderwegen besonderer Art (Begleitbroschüren sind im Haus erhältlich):

1) Urwaldwanderweg Lösershag (ca. 6 km) - Auf dem 2-stündigen Rundweg durch das *Naturwaldreservat Lösershag* kommt man an 8 Stationen vorbei: *1. Urwald* - Schaufenster der Natur; *2. Basaltblockfelder* - Zeugen des Vulkanismus; *3. Natürliche Waldgesellschaften; 4. Totholz* - Lebensraum für viele Arten; *5. Höhlenbäume* - natürlicher Wohnraum; *6. Die Rotbuche* - Mutter des Waldes; *7. Die Bergulme* - eine sterbende Baumart; *8. Der Bergahorn* - Farbenpracht im Herbstwald.

2) Wanderweg durch und um ein Rhöner Dorf (ca. 5 km) - Auf dem 2-stündigen Weg wird am Beispiel von *Oberbach* alte dörfliche Kultur sowie eine gewachsene Kulturlandschaft vorgestellt, u. a. der *Wildbach Oberbach,* eine *Wettbretter-Scheune,* eine *ehem. Krugbäckerei,* Kraut- und Mühlensteine.

3) Kultur + Landschaft + Wanderweg Schwarze Berge (ca. 14 km) genaue Wanderbeschreibung s. S. 158).

Informationszentrum **Haus der Schwarzen Berge** Rhönstraße 97 97772 Wildflecken-Oberbach Telefon (09749) 9122-0 Telefax (09749) 912233 e-mail: tourismus@wildflecken.btl.de	**Öffnungszeiten:** April–Oktober Dienstag bis Freitag: 10–18 Uhr Samstag/Sonntag: 10–17 Uhr November–März Dienstag bis Sonntag: 10–16 Uhr Montag Ruhetag

Lebensraum Rhön

Haus der Schwarzen Berge

Kultur + Landschaft + Wanderweg Schwarze Berge (K + L + W)

Weg und Zeit – 14 km – gut 4 Stdn.

Charakteristik – Ein romantischer, lehrreicher Weg mit Informationen über die Kulturlandschaft der *Rhön*. Im Frühjahr begeistern die blühenden Bergwiesen in überwältigender Pracht.

Anfahrt – B 279 *Gersfeld* – *Bischofsheim*, Abfahrt *Wildflecken, Bad Brückenau,* 2. Ausfahrt von *Oberbach*. – B 286 *Bad Brückenau* – *Bad Kissingen,* Abzweig *Wildflecken*, in *Oberbach* Ww *[Haus der Schwarzen Berge].*

● **Oberbach und das Haus der Schwarzen Berge** – Der Ausgangspunkt *Oberbach* in der Gemeinde *Wildflecken* am Fuße des *Kreuzberges* war früher der bedeutendste Ort im oberen *Sinntal*. Der Name *Oberbach* leitet sich ab von dem Bachlauf, der von Osten kommend aus den *Schwarzen Bergen* in das *Sinntal* mündet. Das *Haus der Schwarzen Berge* bietet den Besuchern umfangreiche Informationen über die Besonderheiten der *Rhön*, deren Entstehung und Nutzungsgeschichte (s. Seite 156).

● **Haus der Schwarzen Berge – Tintenfaß – Berghaus Rhön** – 2½ Stdn – Am Infozentrum beginnt der Weg mit seinen 14 Stationen, an denen jeweils ausgewählte Elemente der Kulturlandschaft erklärt werden. Station **1) Oberbach,** gibt Hinweise zum Ort. Der mit *[K+L+W]* markierte Weg führt im Sockelbereich der *Schwarzen Berge* zunächst ger aufw. Schöner Blick auf den **2) Löserhag**, einen typischen Vulkankegel (765 m). Weiter aufw erreicht man eine Basaltkuppe im **3) Rosengarten**. Hier wachsen Wildrosen vielfältigster Art, und eine Wacholderheide verstärkt den Eindruck der lieblichen Landschaft. Auf einem Weideweg, der sich als breiter Feldweg fortsetzt, gelangt man vorbei an zwei markanten Hutebuchen zu den Stationen **4) Waldrand** (hier grenzen der Wald und die offene Flur aneinander) und **5) Bergwiesen** (an einem guten Beispiel erkennt der aufmerksame Betrachter im Frühjahr deutlich den Unterschied zwischen gedüngter Nutzweideflächen und naturbelassener Bergwiese mit ihrer vielfältigen Blütenpracht). – Nach der Station 5) zweigt eine Abkürzung zum *Mittelbachtal* (Station 11) ab. – Ein Wiesenpfad, der bald auf kl Fahrweg führt, bietet an der Station **6) Aufforstungen** einen herrlichen Ausblick. Vom Ⓟ des *Würzburger Hauses* mit Ww *[Berghaus Rhön]* auf Wiesenweg zur **7) Hutung am Farnsberg** (ehemalige Gemeindeweiden). Zunächst durch ein Waldstück, dann über Wiese genussvoller Abstieg mit schöner Fernsicht. Am Ende der Wiese erster Blick auf den dunklen Basaltsee *Tintenfaß*. Ein paar Schritte abw li zur Einkehr in das

● **Berghaus Rhön** – Die beliebte familienfreundliche Ausflugsgaststätte war früher Kantine für die im Basaltabbau tätigen Ar-

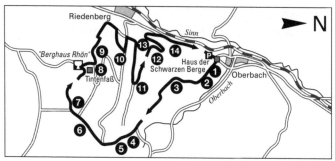

beiter. Heute laden behagliche Gästezimmer, gemütliche Gast-
räume mit wohltuender, gepflegter Atmosphäre sowie eine große
Gartenterrasse zum Verweilen ein. Die saisonale Küche reicht
vom Rumpsteak über Fischgerichte und Toasts bis zum Rhöner
Vesper. Bier vom Fass und süffige Weine. Günstige Preise. – *Ru =
Di (Betriebsferien im November).*

● **Berghaus Rhön – Tintenfaß – Oberbach** – 1½ Stdn – Vom *Berghaus* mit *[K+L+W]* zum **8) Basaltabbau.** Bis 1937 wurde hier
Basalt als eine der wichtigsten Einnahmequelle der *Rhön* abgebaut. Ein kleiner See, das *Tintenfaß*, eingebettet in steile Basalt-
wände, ist ein gutes Beispiel für die sinnvolle Renaturierung
einer ehemals industriell genutzten Fläche. Um die Umlenksta-
tion der ehemaligen Seilbahn herum abw am Jugendzeltplatz
unterhalb der Zufahrtsstr zur **9) Wacholderheide Stöck** mit präch-
tigem Ausblick und zur **10) Ehemaligen Wacholderheide.** Weiter
zur Zufahrtsstr. Auf dieser li und den 2. Waldweg re (!) steil abw.
Am Querweg re entlang an den Forellenteichen. Auf befestigtem Weg aufw parallel zum *Mittelbach* bis zur Gabelung. Hier
mit *[K+L+W]* li leicht aufw zur Station **11) Mittelbach.** Es folgen
12) Buchonien und **13) Sinntal.** Auf Asphaltweg und später
bequemem Fußweg an der Umgehungsstr entlang zur letzten
Station **14) Heckenlandschaft** und weiter zurück zum Ausgangspunkt.

Aspenmühle – Münchau – Heckmühle – Scheuermühle – Apfelberg – Aspenmühle

🗻 🏠 🏚 🧗 🌊

Weg und Zeit – 20 km – gut 5 Stdn.

Charakteristik – Herrlicher Wanderweg entlang der *Schondra* mit natürlichem Bachverlauf in gesundem Mischwald. Hier ist die Welt noch in Ordnung und man hat „Natur pur"!

Anfahrt – Bis *Bad Brückenau* wie S. 163. Von *Bad Brückenau* Ri *Hammelburg* (B 27). Nach *Unterleichtersbach* 2. Einfahrt re.

Parken – Gr Gäste-Ⓟ vor der *„Aspenmühle"*.

● **Der Rundweg** – An der *Aspenmühle* li vorbei und Weg oberhalb
MA der Campingplatz-Einfahrt leicht abw, dem Rundweg mit *Z [6]*, *[7]*, *[8]* folgen. Immer ger, li an der *Schondra* entlang. Nach knapp 10 Min re die *Neumühle*. Vor der Betonbrücke li in den Wald einbiegen, immer den *Z [6]*, *[7]*, *[8]* auf Waldweg leicht aufw folgen. Nächste Gabel re auf befestigtem Waldweg leicht abw in schönem Mischwald. An nächster Querstr (Zufahrt nach *Münchau*) re einbiegen und *ohne Markierung* Ri *Schmittrain* gehen. Durch den Weiler hindurch und in Ri **Münchau** auf Teerstr weitergehen. Von re kommen *[Offenes Gelbes Dreieck]*, *[Schwarzes Doppeldreieck]*.
MW Am Ortsbeginn hinter Bildstock li abbiegen und *Z [Offenes Gelbes Dreieck]*, *[Schwarzes Doppeldreieck]* folgen. Vor dem Wald über Brücke und dann re in Wald abbiegen. Immer den gleichen *Z* im Wald aufw folgen. Am letzten Haus an Gabel re. Auf befestigtem Waldweg immer ger. Nächste Querstr re abw. Auf befestigtem Waldweg mit Markierungen ca. 3,5 km Ri *Heckmühle*. An nächster Gabel kommt *Z [4]* hinzu, auch *Ww [Heckmühle]*. An Gabel re abw bis zum Weiler **Heckmühle**. Ab Ortsbeginn ca. 350 m abw. Vor Brücke re in den *Mühlweg* (Sackgasse) einbiegen
MW und ab hier den *Z [3]* u. *[Schwarzes Doppeldreieck 14]* folgen.
MW Über Holzbrücke Ri Strommast mit *Z [Offenes Gelbes Dreieck]* u. *[Schwarzes Doppeldreieck 14]* ger in den Wald. Den gleichen Zeichen auch im Wald folgen. Li *Ww [Detter]*. Ab hier ca. 150 m steil aufw. An der nächsten Querstr (befestigter Waldweg) re mit vorherigen *Z*. Nächste (!) Gabel re abw (unbefestigter Pfad). Markierungsergänzung durch *Z [9]*. Am Waldende li abbiegen und ca. 120 m am Waldsaum auf Wiese entlang gehen. Dann Wiedereintritt in den Wald. Immer den *Z [Offenes Gelbes Dreieck]*, *[Schwarzes Doppeldreieck]* folgen. An Jugendzeltplatz und Waldhütte vorbei und an der Querstr li aufw. Am Waldende (!) an der nächsten Gabel im spitzen Winkel re abbiegen, ca. 150 m abw, an der **Scheuermühle** (intaktes Mühlrad) vorbei. Ab Waldbeginn ca. 150 m aufw, dann an der Gabel li abbiegen und weiter den vorher beschriebenen *Z* immer leicht aufw auf befestigtem Waldweg folgen. Re an Baum Hinweistafel *[Apfelberg]*. Nach dieser Tafel an
OM nächster Gabel (!) re abbiegen und *ohne Markierung* etwa 20 Min

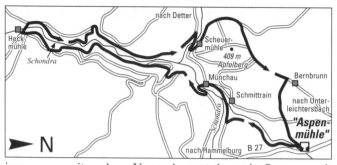

immer ger weitergehen. Von re kommt dann ein Querweg mit dem Z *[Schwarzes Doppeldreieck 14]*, der im rechten Winkel re abbiegt und auf dem bereits eingeschlagenen Weg Ri *Unterleichtersbach* weiterführt. Ca. 300 m vor dem Gehöft *Bernbrunn* re abbiegen und dann auf Feldweg über *Neumühle* zurück zur *MA*

- **Waldschänke-Jagdstadel „Aspenmühle"** – Einzeln, sehr ruhig am Waldrand gelegene Waldschänke mit herrlichem, großzügig angelegtem Biergarten an romantischem See. Gemütliche Gasträume mit behaglicher, ungezwungener Atmosphäre. Gutbürgerliche Küche, Grillspezialitäten, frische Salate, Kinderteller und deftige Brotzeiten. Bier vom Fass sowie offene und Flaschenweine. Mittlere Preislage. – *Ru = Mo, Di.*

- **Wanderwegevarianten** – Wem die Gesamtstrecke zu lang sein sollte, dem stehen folgende verkürzte Wegevarianten zur Verfügung:

a) Ab *Münchau* am Bildstock re abbiegen und in Ri *Detter* gehen. Ab *Scheuermühle* gleichen Weg, wie unter dem Rundweg beschrieben, zur *Aspenmühle* zurückgehen (ca. 10 km weniger).

b) Bei Benutzung der Variante a) über *Bernbrunn* weiter bis *Unterleichtersbach* und parallel zu B 27 zurück zur *Aspenmühle* (ca. 6 km weniger als Gesamtstrecke).

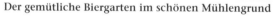

Dreistelz – Dreistelzberg – Modlos – Dreistelz

Weg und Zeit – 12 km – 3¾ Stdn.

Charakteristik – Schöne Wanderung durch Buchenhochwald mit steilem Aufstieg zum *Dreistelzberg* (660 m). Aussichtsturm mit grandioser Sicht auf die Berge der *bayerischen Rhön*.

Anfahrt – Bis *Bad Brückenau* wie S. 163. Von *Bad Brückenau* Ri *Hammelburg* (B 27), Abzweig nach *Modlos*.

Parken – Gr Gäste-P direkt am *Berggasthof „Zum Dreistelz"*.

● **Der Rundweg** – Vom *Berggasthof* 150 m auf Landstr Ri *Bad*
MA Brückenau. Li in Feldweg und dem *Z [Rundweg 4]* folgen. Immer mit *[4]* weiter bis die Landstr nach *Bad Brückenau* erreicht wird. Dieser 150 m folgen, beim Schild *[Parken und Wandern]* li. An
MW nächster Gabel (!) re dem Rundweg *Z [3]* kurz folgen. An nächs-
OM ter Gabel (!) li und *ohne Markierung* auf befestigtem Waldweg immer ger. An nächster Gabel hinter dem *Ww [Sinnbergwand]* ger abw. An nächster Kreuzung ger, li am Wbh vorbei und gleich nach
MA 20 m (!) li in Waldpfad, immer den *Z [4]* u. *[Offener Gelber Tropfen]* folgen. Nach 2. Hochbehälter re verläuft der Pfad zunächst leicht aufw, dann ca. 500 m abw, bevor er dann ständig ansteigend zum **Dreistelzgipfel** führt, immer den *Z* folgen. Ab Schutzhütte Markierungswechsel. Abstieg mit *Z [Volles Gelbes Dreieck]*. Ca. 100 m nach der Schutzhütte re abbiegen und auf Waldweg ca. 2 km bis Ortsrand **Modlos**. An der Verbindungsstr *Modlos–Dreistelz* li und zunächst 500 m auf der Landstr weiter. Auf halber Strecke auf geteerten Weg li und weitergehen, bis dieser wieder auf die Landstr trifft. Ab hier sind es noch ca. 400 m bis zum

● **Berggasthof „Zum Dreistelz"** – Bekanntes Ausflugslokal. Großzügige Zimmer. Gemütliche Gasträume (rollstuhlgerecht), gr Terrasse. Gepflegte Atmosphäre. Bodenständige, regionale Küche, z. B. Rhönforelle, Wild aus heimischer Jagd. Auch vegetarische Gerichte, Fitnessteller, Hausmacher-Brotzeiten. Bier vom Fass, Frankenweine. Korn und Obstler aus eigener Brennerei. Günstige Preise. – *Ru = Mo.*

● **Wanderhinweis** – Der Gasthof liegt direkt am *Rhönhöhenweg* und an der Wanderroute „*7 Tage Wandern ohne Gepäck*".

Bad Brückenau – Staatsbad – Elisabethenhof – Eckarts – Züntersbach – Staatsbad – Bad Brückenau

Weg und Zeit – 16 km – gut 4 Stdn.
Charakteristik – Bequemer Wanderweg (bis *Eckarts* rollstuhlgeeignet) durch den romantischen *Sinngrund* zum gepflegten Kurpark im *Staatsbad Brückenau*. Im *Sinngrund* weiter nach *Eckarts*. Auf Waldwegen zurück zum *Staatsbad* und nach *Bad Brückenau*.
Anfahrt – A 7 *Fulda–Würzburg*, Ausfahrt *Brückenau/Volkers* bzw. *Brückenau/Wildflecken*. – B 27 *Fulda–Hammelburg*. – B 286 *Bad Kissingen–Bad Brückenau*. – Bhf in *Jossa*, von dort Busverbindung nach *Bad Brückenau*.
Parken – Gr Gäste-Ⓟ vor dem *Hotel-Restaurant „Zur Mühle"*.
● **Der Rundweg** – Vom *Hotel „Zur Mühle"* dem *Ww [Fußweg zum Staatsbad folgen]*. Nach *Washington-Platz* mit *[8]* u. *[1]* weiter bis MA zur *Marienkirche*. Auf Gehweg weiter, re am *Kurmittelhaus* vorbei. An der Tafel *[Kurviertel]* li vorbei zum **Elisabethenhof**. Diesen

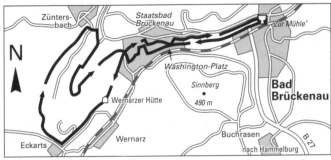

li umgehen und re vorbei am *Großen Kursaal.* Ger weiter, Land-
str unterqueren und am Müttergenesungsheim re vorbei. Ger
MW auf Teerweg, *Z [5], [6],* in Ri *Wernarz/Eckarts.* An der *Wernarzer
Hütte* li vorbei und bei nächster Gabel ger dem *Ww [Eckarts]* fol-
gen. In **Eckarts** auf der *Badstr* Ri Kirche. Hinter der Brücke an
Querstr re abbiegen, *[6].* Am Ortsende li am Wasserwerk vorbei,
aufw zum Wald. Mit *[6]* bis Ortsbeginn **Züntersbach**. Dort erste
Querstr re, Teerweg, *[6],* an nächster Gabel li aufw bis zum Wald.
Im Wald immer mit *Z [6]* u. *[Gelber Tropfen].* Schotterstr über-
queren und li in *Füglein-Str.* Vorbei an der *Christuskirche* zur
König-Ludwig-Eiche. Durch Kräutergarten re vom *Fürstenhof* die
Treppen abw. Hauptstr queren und li auf Gehsteig bis *Marienkir-
che.* Mit *[1]* u. *[8]* bis *Washington-Platz.* Auf oberem geteertem
Weg mit *[1], [8], [Rotem Dreieck]* zurück zum

● **Hotel-Restaurant-Café „Zur Mühle"** – Beliebtes Haus direkt
am Georgi-Kurpark mit hoteleigener Park- u. Teichanlage, in der
man sogar wieder Biber entdecken kann. Historisches Mühlrad.
Komfortable Zimmer, alle mit Dusche o. Bad/WC, Tel. und Ka-
bel-TV. Restaurant mit gepflegter, wohltuender Atmosphäre und
Terrasse. Vielseitiges Speisenangebot, u. a. Rhönforelle, fränkische Spezialitäten, vorwiegend aus heimischen Produkten. Bier
vom Fass, Frankenweine. Alle Preislagen. – *Kein Ru* – *Gr.* Ⓟ.

● **Weitere Wanderziele** – *Breitenbach* – *Pilsterhof* – *Schafberg.* –
Ulrich-von-Hutten-Pfad – *Volkers* – *Senderweg* – *Staatsbad.*

Mottgers – Hopfenmühle – Weichersbach – Burg Schwarzenfels – Mottgers

Weg und Zeit – knapp 10 km – 2½ Stdn.
Charakteristik – Ein schöner Wanderweg durch Feldfluren ent-
lang der *Schmalen Sinn.* Leichter Aufstieg bis zur *Burg Schwar-
zenfels.* Vom Turm herrlicher Rundblick.
Anfahrt – A 7 *Fulda* – *Würzburg,* Ausf. *Bad Brückenau/Volkers,* in
Ri *Schlüchtern* über *Oberzell-Weichersbach* – B 40 nach *Schlüch-*

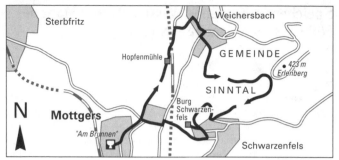

tern, Abzweig *Sinntal – Bad Brückenau* auf L 2304. – Busverbindung *Schlüchtern – Jossa.*

Parken – Gäste-🅿 *Landgasthof „Am Brunnen"* und Nebenstr.

● **Der Rundweg** – Vom *Landgasthof Am Brunnen* auf Hauptstr Ri Kirche u. Ortsausgang. Nach Spielplatz *Ww [Radweg 2],* dem *MA* Pfeil Ri *Fulda* folgen. Nach 200 m Landstr L 2304 überqueren, weiter auf *[R 2]* Ri **Hopfenmühle**. Weiter auf *[R 2]* bis Ortsanfang **Weichersbach,** erste Querstr re und *Sinn* überqueren. An Gabel re, auf *Mottgerser Str* re aufw, dem *Z [Gelber Tropfen]* folgen, li in *MW* die *Fasanenstr* einbiegen, an der Abzweigung ger in die *Schwalbenstr.* Mittlerer Anstieg auf Feldweg, *Z [Gelber Tropfen]* folgen. Vor *Ww [Gelber Tropfen],[4]* li (!) in Feldweg einbiegen. Blick auf die Burg. Weg führt zunächst am Waldrand entlang (!), an Gabel vor Eintritt in den Wald re, nach 100 m Waldsaum. An Gabel li (!), an Wildfutterstelle nach 100 m re. Bei Wbh li, an der Sitzgruppe re und ger weiter. Nach 50 m re auf Schotterweg abw bis Querweg, dann li aufw, *[Gelber Tropfen].* Nach 150 m erreicht man die **Burg Schwarzenfels**. Auf dem *[HWO 7]* abw über den *MW* alten Fahrweg nach *Mottgers,* über die *Sinn* zum

● **Landgasthof „Am Brunnen"** – Gepflegter Gasthof, gemütliche Gästezimmer, Ferienwohnung. Ansprechender Gastraum mit romantischer Gemütlichkeit. Anspruchsvolle Küche mit deutschen Produkten. Hausmacher Brotzeiten. Bier vom Fass, erlesene Weine. Sonntags Brunch. Mittl. Preise. – *Ru = Mo u. Di.*

Speicherz – Kothen – Wasserscheide/Mottener Höhe – Große Haube – Speicherz

⟨symbols⟩

Weg und Zeit – 9 km – 2½ Stdn.

Charakteristik – Zunächst ebene Strecke entlang der *Schmalen Sinn* nach *Kothen*. Dann mittlerer Anstieg mit schöner Aussicht zur Wasserscheide auf der *Mottener Höhe*. Anschließend führt der Weg noch einmal bergauf (leichter bis mittlerer Anstieg) zum Aussichtsturm auf der *Großen Haube*. Von hier aus hat man einen herrlichen Rundblick. Zurück nach *Speicherz* geht es durch Mischwälder entlang des alten Grenzweges kontinuierlich bergab.

Anfahrt – A 7, Ausfahrt *Bad Brückenau/Volkers,* B 27 Ri *Motten/ Fulda.* – Von *Bad Brückenau* B 27 Ri *Motten/Fulda.* – Von *Fulda* B 27 Ri *Bad Brückenau.*

Parken – Gäste-P vor dem *Gasthof zum Biber.*

● **Gasthof zum Biber** – Ein bekannter Landgasthof mit familiärer und gepflegter Atmosphäre. Moderne Komfortzimmer (Drei-Sterne-Gasthof). Gemütliche Gasträume im Landhausstil und regionale Küche mit saisonalen Spezialitäten, z. B. Wild aus heimischen Wäldern. Auch Fisch, Vegetarisches, Kinderteller. Empfehlenswert aus eigener Kellerei: Hagebutten-Wein/Schnaps und Heidelbeerlikör. Günstige Preise. – *Kein Ru.*

● **Der Rundweg** – Vom *Gasthof zum Biber* li die Hauptstr entlang
MA Ri *Kothen*. Nach 170 m re, *[Blaues Schild/Rundweg 7]*. Weiter mit der Markierung auf Schotterweg entlang der *Schmalen Sinn*. Nach ca. 1½ km Wegkreuzung, nach li auf Teerweg, weiter Ri *Kothen*. In *Kothen* 200 m ger auf der Str *„Am Weiher"*. Dann re in *Auerbergstr* Ri *Quackhof.* Nach 300 m geht es li in den *Pilsterweg.*
MW Anschließend ca. 300 m ger (!). Jetzt mit Markierung *[Gelber Pfeil/9]*. Nun geht es mittels eines Fußgängerweges weiter vorbei am *Sauerbrunnen* und dem *Pilsterfelsen*, einer außergewöhnlichen Felsformation, die zum Besteigen und Klettern geradezu animiert und begeistert. Weiter führt der Weg über eine kleine Brücke über die *Schmale Sinn* auf einen Teerweg. Nach 150 m an Wegkreuzung nach re auf *Panzerstr*. Nach weiteren 200 m li (Flurbereinigungsstein), bergauf Ri *Mottener Höhe, [Gelber Pfeil/9]* (!). Insgesamt ca. 600 m mittlere Steigung, mit Teer- und Schotterweg (li) zum Park- und Rastplatz an der *Wasserscheide Rhein/Weser* auf der *Mottener Höhe* (498 m) mit schönem Ausblick. Nur sonntagvormittags ist es möglich, von hier aus einen interessanten Abstecher zur *Wallfahrtskirche „Maria Ehrenberg"* zu machen. Von der Wasserscheide auf der *Mottener Höhe* geht es nun Ri *Große Haube* mit Aussichtsturm. Die B 27, die direkt am P vorbeiführt, überqueren und nach 100 m ger, an der nächMW sten Weggabelung dem *Ww [Aussichtsturm]* als Wanderzeichen

folgen. Das Zeichen *[Aussichtsturm]* führt nun konsequent während des 2 km langen, leichten bis mittleren Aufstiegs, der durch die Mischwälder der *Großen Haube* geht. Dann wird eine Lichtung mit einer Wegkreuzung auf der *Großen Haube* erreicht. Von hier aus geht es re zum *Aussichtsturm* (200 m), von dem man einen ausgezeichneten Rundblick genießt und bei schönem Wetter *Fulda* und große Teile der *Rhön* erblicken kann. Vom Aussichtsturm geht es wieder zurück zur Wegkreuzung. Hier mit Markierungen *[Blaues Schild/7]* und *[Grenzwanderweg MW HWO 6, Ri Speicherz 2 km]* weiter. Nach ca. 700 m Schotterweg durch den Mischwald die *Heubacher Str* ger überqueren. Es geht nun entlang des alten Grenzweges (zahlreiche Grenzsteine der hessisch-bayerischen Grenze) bis zu einer Weggabelung. Von hier aus li, *[Blaues Schild/7]* mit mittlerem Abstieg (Schotterweg) immer ger auf eine Wegkreuzung zu. Nun geht es ca. 100 m nach re zu einer weiteren Wegkreuzung und anschließend nach li durch ein letztes Waldstück (200 m). Hier gelangt man auf eine Teerstr, die re Ri *Speicherz* hinabführt. Nach 300 m mittlerem Abstieg mit Aussicht auf *Speicherz* führt der Weg auf die *Haupstr*. Nach re und noch 170 m bis zum *Gasthof zum Biber*.

● **Weiterer Wanderweg –** Mit dem Wanderzeichen *[Blaues Schild/3]* auf den wunderschönen *Klosterberg* in *Volkers* mit toller Aussicht (ca. 4 km).

Bad Kissingen – Die heitere Kurstadt

Anfahrt – A 7, Ausf. *Bad Kissingen/Oberthulba.* – B 286 von *Schweinfurt* (A 70). – B 287 von *Hammelburg.* – *Bahnstation.*
Parken – Zahlreiche Ⓟ und Ⓟ. Günstig u. a. Ⓟ *Zentrum.*
● **Bad Kissingen** – *Kurschwerpunkt:* U. a. Magen-, Darm-, Leber- u. Gallenleiden. Herz-, Kreislauf- u. Gefäßerkrankungen. Das *Bayerische Staatsbad* blickt auf eine lange Tradition zurück. Bereits 823 wurden die *Salzquellen* urkundl. genannt. Seit dem 16. Jh. Nutzung der Quellen für *Trink- und Badekuren.* Im 18. Jh. Erholungsort des *fränk. Adels* und des *Hochstifts Würzburg.* 1737 Entdeckung der *Rakoczy-Quelle* durch *G. A. Boxberger.* Einfassung der Quelle und Ausbau des **Kurgartens** 1738–44 durch *Balthasar Neumann.* 1767–72 Bau der **Oberen Saline.** 1838 Vollendung des **Arkadenbaus** durch *Fr. v. Gärtner.* 1865–71 Errichtung des **Luitpoldbades** als erstes *Badehaus.* 1883 Erhebung zum „**Bad**" durch *König Ludwig II. v. Bayern.* Viele berühmte Häupter nehmen hier im 19. Jh. ihren Kuraufenthalt: Die *Könige v. Bayern* u. *v. Württemberg, Kaiser Franz Josef v. Österreich* mit *Kaiserin Elisabeth („Sissi"/„Sisi"), Zar Alexander II. v. Russland, Fürst Bismarck, Tolstoi, v. Scheffel.* Im 20. Jh. *Richard Strauß, Theodor - Heuss, Königin Sirikit.* 1904/05 **Neues Kurtheater.** 1910/11 **Wandel-** und **Brunnenhalle.** 1912/13 **Regentenbau.** Alle von *M. Littmann.* 1927 **Kurhausbad.** 1954 **Terrassenschwimmbad.** 1968 **Bayer. Spielbank** im *Luitpold-Casino.* 1974 Neufassung der *Quellen Rakoczy, Pandur* und *Max.* 1980 **Mineral-Bewegungsbad** (32 °C).
● **Kurbähnle** – April – Okt. vom *Maxbrunnen* zum *Wildpark.*
● **Dampferle** – Beschauliche Fahrten auf der *Fränk. Saale.*
● **Wandern** – *Markierte Wege* von ca. 110 km: 6 km *Kurwege,* 42 km *Terrainkurwege,* 61 km *Wanderwege. Gästewanderungen, Wanderpass.* Auskunft im *Kurgastzentrum.*
● **Ausflugsziel** – *Schloss Aschach* (heutige Gestalt 16. Jh.) bei *Bad Bocklet.* Mit *Graf-Luxburg-Museum.* Wertvolle Kunstsammlungen. *Schulmuseum. Volkskundemuseum.*

Bad Kissingen – Rundweg Ruine Botenlauben

Weg und Zeit – 5 km – 1½ Stdn.
Charakteristik – Herrlicher Weg zur *Burgruine* mit weitem Ausblick. Durch die prächtigen Anlagen an der *Saale* zurück.
● **Weigands Gaststätte** – Traditionsreiches Haus (erb. 1680, seit 1857 im Familienbesitz) mit freundlichem Service der Restaurant-Meisterin und mit Köstlichkeiten aus der Küche des Meisterkochs. Exzellente Speisen mit frischen Produkten aus der Region, u. a. zarte Steaks, Fisch, Geflügel. Auch kleine Gerichte,

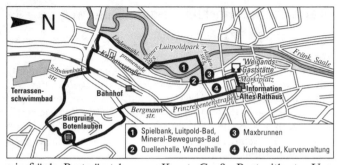

wie fränk. Bratwürstchen m. Kraut. Große Brotzeitkarte. Vortreffliche Weine. Fassbier. – Terrasse mit Blick auf den *Marktpl.* – Schöne Gästezimmer werden vermittelt! Mittl. Preise. – *Ru = Do.*

● **Der Rundweg –** Von *Weigands Gaststätte* über den stimmungsvollen *Marktplatz,* vorbei am **Alten Rathaus** (1577) mit Wechselausstellungen und 🆔. *Brunnengasse* re, *Prinzregentenstr* ger, **Kurhausbad** (1927). **Ev. Erlöserkirche** (1847), neuroman., von *Fr. v. Gärtner. Bergmannstr* leicht halb re (*Bhf.* re drüben). Ampelübergang *Ostring.* Sofort danach Fußweg scharf li. Zeichen *[RB],* **MA** *Ww.* Aufw, Waldeintritt, Treppen re, aufw zur Querstr/*Burgstr.* Scharf re *[RB], Ww.* Aufw zur imposanten **Burgruine Botenlauben** (12. Jh.). Ältestes noch erhaltenes Bauwerk der Stadt mit 2 wuchtigen Turmstümpfen. Großartige Aussicht! Die Burg war ab 1220 Wohnsitz des Minnesängers *Otto v. Botenlauben* (1175–1244, 16 Lieder im *Codex Manesse*). Zerstörung 1525. Teilrestaurierung. Jährl. Burgfest. – Bei der *Infotafel* mit *[RB]* in Kehren abw, *Kissinger Str* (Stadtteil *Reiterswiesen*) queren, Fußweg re, parallel zur Str, nach ca. 170 m Abzweig halb li abw. Am 🅿 des **Terrassenschwimmbads** vorbei, *Schwimmbadstr* re. Ampelübergang B 286/87, Bahnunterführung, hinüber zur *Lindenmühlpromenade,* re zum *Sannersteg* über die *Saale. [OM]* Luitpoldpark re, **OM** vorbei am Komplex **Spielbank, Luitpoldbad, Mineralbewegungsbad.** *Arkadensteg.* **Kurgarten, Arkadenbau, Regentenbau, Maxbrunnen** (*Kurbähnle*). *Untere Marktstr* zu *Weigands Gaststätte.*

Steinach/Bad Bocklet – Saale-Rundweg

Weg und Zeit – 12 km – 3 Stdn.

Charakteristik – Sehr schöner Weg ums *Saaletal* mit romantischen Partien am Fluss. Durchwanderung von *Bad Bocklet*.

Anfahrt/Parken – Von *Bad Kissingen* (S. 168), *Bad Neustadt* (S. 138) oder *Bischofsheim* (S. 144). – Gr P beim *Gasthaus Adler-Post*.

● **Steinach a. d. Saale** – *Pfarrkirche*, sehr hoher spätgot. Turm (1613 erhöht), Schiff 1860, Holzkruzifix von *T. Riemenschneider*. – *Schloss* mit Treppenturm 1707.

● **Gasthaus Adler-Post** – Traditionsreiches Haus, seit 200 Jahren in Familienbesitz. Ruhige Lage. Gemütliche Gasträume. Gartenterrasse. Familiäre Atmosphäre. Gutbürgerliche Küche mit vortrefflichen fränk. Spezialitäten. Zarte Steaks und Lendchen. Fisch, Geflügel, saisonale Gerichte. Auch herzhafte kleine Speisen. Leckere Salate. Fassbier. Großes Weinangebot. Moderate Preise. – *Ru = Mi.*

● **Der Rundweg** – Vom „*Adler-Post*" über den *Marktplatz*, *Rie-*
MA *menschneiderstr* re, *Am Rathaus* re, *RW [1]*, neben *Feuerwehrhaus* abw zur Fußgängerbrücke. Über die *Saalebrücke* nach *Roth. Am*
MW *Quästenberg* re, *[BB 7]*. Bei Hs. Nr. 4a ger, *Ww*. Schöner Blick ins *Saaletal*. Leicht aufw, Waldeintritt, *Ww*, Forstweg weiter. *4 Soldatengräber*. Gabel, grasiger Weg halb li, *[BB 7]*. Bogen aufw, Querweg re. (Später Abstecher zur **Ruine Steineck** möglich. Strammer Aufstieg. Nur noch Burggraben und ganz oben geringe Mauerreste.) Zunächst ger, dann Links-, Rechtsbogen.
MW Danach *[BB 6]* ger (!) folgen (nicht halb re), *Ww [Wetterschutzhütte]*. Am Waldrand entlang wieder in den Wald. *Schutzhütte*
MW mit Infotafeln. Dahinter re, *[BB 5]*, bei Rechtsbogen ger (!) abw, *Ww. Kurklinik*. – **Bad Bocklet.** „*Biedermeierbad der Rhön*". *Bayer. Staatsbad*. Mineral- u. Moorheilbad. Erste Badeeinrichtungen 1766. *Pfarrkirche* um 1600, spätgot. Turm. – *Rosenstr* abw. Ausblick!
MW Unten *[BB 4]*, *Ww [Kurgarten]*. *Rhönstr* ger, *Von-Hutten-Str* li, *Kurhausstr* re. Durch den **Kurpark** (1786). Am schönen klassi-

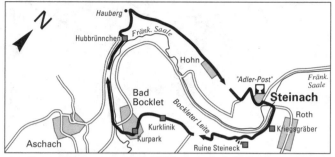

zist. **Bau mit Brunnentempel** (1787) re vorbei. *Rohrbrunnenpumpe* (1927) der stärksten deutschen Stahlquelle. Mit *[BB 1]* zur *Saale-* MW *brücke*, dahinter Landwirtschaftsweg re, *[BB 8]*. Dann am Wald- MW rand oder am idyllisch-romantischen *Saaleufer* entlang. Schließlich li aufw und Fahrstr queren. Vorm **Hubbrünnchen** li (!) aufw, *Ww [Steinach]*. Rechtsbogen aufw, br Querweg re, *Ww*. Nach 100 m (!) Abzweig halb li, *[BB 8]*. Bei *Ww* br Weg queren (!), grasiger Weg weiter. Rehtskehre, dann hanglängs. Später vorbei an *Ww-Tafel*. Abw, 2 Erdschluchten queren. Waldaustritt ger, *Damwildgehege*. Kreuzung, befestigt ger, *Rundweg [1]*, auch *[BB 7]*. MW Bei Rechtsbogen ger, *[1]*, Waldstück, abw. Vor der *Premich* re, Steinbrücke li, **Steinach**. *Kellersbach, Brückenstr, [1], Riemschneiderstr* re, zur wohltuenden Einkehr im *Gasthaus Adler-Post*.

Hammelburg – Historische Bauten

Anfahrt – A 7, Ausf. *Hammelburg* – B 287. – B 287 von *Bad Kissingen.* – B 27 *Würzburg* – *Karlstadt* bzw. *Fulda* – *Bad Brückenau*. – *Bahnstation.*
Parken – Gr Ⓟ *Bleichrasen* und *Turnhouter Str* (beide li u. re der *Saalebrücke*). Ⓟ *Friedhofstr*.
Hinweis – Siehe auch *Faltblatt der Stadt Hammelburg*.
● **Hammelburg** (184 m) – Bayer. Stadt im Tal der unteren *Fränk. Saale*. In der Umgebung Edelobst- und Weinanbau. Die angrenzenden Hänge des *Saaletals* beheimaten die nördlichsten Lagen des *Frankenweins*, der alljährlich in einem großen Weinfest gewürdigt wird. – Erste Nennung als Burg 716. Die *Burgsiedlung* aus dem 12. Jh. wird um 1303 zur *Stadt* erhoben. Südsüdwestl. der Stadt ein großer Truppenübungsplatz. – **1) Rathaus** 1524/29, Frührenaissance von *Joh. Schoner*, erhalten der Weingewölbekeller und der seitliche Treppenturm. Heutiger Bau von 1855–59. Prächtiger **Marktbrunnen** 1541, ebenfalls von *Joh. Schoner*, Baldachin 1669. – **2) Kellereischloss / Rotes Schloss** 1726/31 von *A. Gallasini* aus mehreren Kellereigebäuden in eine barocke Sommerresidenz für *Fürstabt Adolf v. Dalberg* umgewandelt. Unter der Vierflügelanlage befindet sich der zweitgrößte *Weinkeller Fran-*

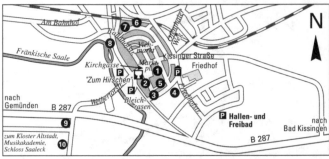

kens. – **3) Kath. Pfarrkirche St. Johannes d. T.**, spätgot. Basilika 1389–1461 anstelle einer Kirche von 743. Erweiterung 1958/61. Herrliche *Barockmadonna* von *Auvera. Epitaphe. Wandmalereien* 15. Jh. *Ölbergkapelle* um 1460. – **4) Ev. Stadtpfarrkirche St. Michael** 1962/63 von *Olaf Andreas Gulbransson* mit bemerkenswerter Deckenkonstruktion. – **5) Mönchsturm.** – **6) Hüterturm.** – **7) Badersturm.** Alle drei Türme der einstigen wehrhaften Stadtbefestigung 1221/60. – **8) Stadtmuseum**, Barockbau der ehem. Getreidemühle, seit 1991 Museum mit der Darstellung des Themas „*Brot u. Wein*". – **9) Franziskanerkloster Altstadt**, gegr. 1649, schöne frühbarocke *Kirche* von 1700. Bemerkenswerter steinerner **Kreuzweg** (1733, 14 Stationen) zur *Kreuzigungsgruppe* auf dem **Saalecker Berg.** Im *Klostergebäude* und in moderneren Gebäuden Sitz der *Bayer. Musikakademie.* – **10) Schloss Saaleck.** *Bergfried* 12. Jh., Wohnhaus 17. Jh. Heute mit Hotel und Weinkellerei im Besitz der *Stadt Hammelburg.* Berühmte Weinlagen.

● **Gasthof „Zum Hirschen"** – Angenehmes Haus in ruhiger, zentraler Lage. Behagliche Komfortzimmer. Gemütliche Gasträume. Familiäre Atmosphäre. Exzellente, regional ausgerichtete Küche mit fränk. Spezialitäten. U. a. Hirschkeule, Schweinshaxe, Schweinelendchen, Kalbs- u. Sauerbraten. Köstliche Klöße. „Für den kleinen Hunger". Herzhafte Brotzeiten. Schoppenweine, Hammelburger Weine. Fassbier. Untere bis mittl. Preise. – *Ru = Fr.*

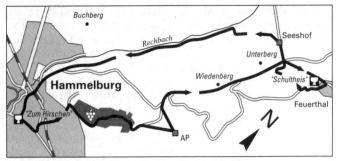

Hammelburg – Rundweg Feuerthal

🏔 🏠 🎫 🍷 ⛰ 🎋 ❋ ❊ 🏰 🏛 ⛪

Weg und Zeit – 13 km – 3¼ Stdn.

Charakteristik – Ein wahrhaft genussvoller und aussichtsreicher Weg, verbunden mit gastronomischen Highlights.

Anfahrt und Parken – Wie Seite 171.

● **Der Hinweg** – Vom *„Hirschen"* (s. S. 172) re über den *Marktplatz. Kissinger Str* ger, *Rote-Kreuz-Str* li, *Ofenthaler Weg* re. Später *[Rote Pfeilspitze]. Zur Kanzel* re, auch *[Schwarzes Dreieck mit* MA *Querstrich] = „Wandern ohne Gepäck".* Landwirtschaftsweg aufw, *Flurbereinigungsdenkmal Gommersberg* 1982. Herrlicher weiter Ausblick mit *Hammelburg, Schloss Saaleck* und *Kloster Altstadt.* Gabel halb li, durch Reblagen mäßig aufw, auch *[Rundweg 1].* Re die *Erdfunkstelle Fuchsstadt* mit 4 gr *Parabolantennen.* Oben Linkskehre. Ausblick! Rechtskehre in den Wald. In Waldrandnähe ger zu einem *AP* mit Ruhebank. Schöner Blick ins *Saaletal* mit *Westheim* und *Fuchsstadt.* Li (!) ab und ger (!). Querweg re. Wegestern, br Weg ger (!). Über den Rücken von **Wiedenberg** und **Unterberg** weiter. Bei altem *Bildstock* befestigter Weg re abw, nur noch *[Schwarzes Dreieck u. Rundweg 1].* Ausblick. Re *Richtfunkantenne*, li die Rebhänge *Feuerthaler Kreuz* mit gr Sandsteinrelief. **Feuerthal.** *Str zum Riedbrunnen ohne Markierung* re zum   OM

● **Gasthof-Pension Schultheis** – Sehr ruhige Aussichtslage am Ortsrand. Behagliche Komfortzimmer. Herrliche Gartenterrasse im Grünen. Gemütliche, familiäre Atmosphäre. Typisch fränkische Küche mit saisonalen Spezialitäten. Ausgezeichnete Gerichte, u. a. Reh, Hirsch, Rumpsteak, Braten, Schnitzel, Fisch, Rindfleisch mit Meerrettich. Vorzügliche Klöße. Ausgiebige Brotzeiten, warm u. kalt. Hausmacher Wurst. Hausschoppen frisch vom Fass aus eigenem Weinanbau. Fassbier. Günstige Preise. – *Ru = Di. Gr* P .

MA ● **Der Rückweg** – Unterhalb vom *„Schultheis"* abw, vor *Spielplatz* u. *Feuerwehr* re. Linksbogen, 1. Abzweig re, *[Rundweg 2]*, Waldrand aufw. Silberdisteln, Wacholder. Waldeintritt, Pfad zum o. a. *Bildstock.* Befestigter Weg li abw *[2].* In Rechtsbogen ger (!), Waldrand li, später auch *[3].* Re unten *Seeshof.* Im Tal der *Rechbach*, drüben die Reblagen *Trautlestal* und der *Frohnbühler Berg.* Wieder Silberdisteln und Wacholder. Durch ein Waldstück *[2, 3].* Schöner und angenehmer Weg parallel zum *Rechbach.* Z. T. naturbelassene Vegetation. Ein Wegstück entlang einer Sträucherreihe. Vorbei an einer riesigen *Gabellinde.* Ger, re oben *Gansberg* und *Buchberg. Pieta.* Breiter Weg ger. **Hammelburg.** *Str An der Leite* abw, *Seeshofer Str*, Bahnunterführung. Blick zum *Badersturm. Bahnhofstr* li, zurück zum *„Hirschen".*

Morlesau / Hammelburg – Rundweg Sodenberg

▧ ◿ ◸ ▦ ◪ ⋏ ⌊ ✳ ✳ 🏛

Weg und Zeit – 9 km – gut 2½ Stdn – Höhendifferenz ca. 300 m.
Charakteristik – Ein herrlicher Rundweg mit einer Fülle unvergesslicher Naturerlebnisse und phantastischer Ausblicke.
Anfahrt und Parken – Von *Hammelburg* über *Diebach.* – Gleich am Ortseingang gr Gäste- Ⓟ vom *Hotel-Restaurant Nöth.*

● **Morlesau** – Versteckter kleiner Ferienort in ruhiger, idyllischer Lage an der *Fränkischen Saale.* Kein Durchgangsverkehr!

● **Hotel-Restaurant Nöth** – Angenehmer Familienbetrieb (seit 1919). Behagliche Komfortzimmer. Liebevoll eingerichtete Gasträume. Gartenterrasse. Wunderschöner Biergarten, direkt an der Saale, mit Anlegestelle. Leihboote, Pferdekutsche, Liege- u. Spielwiese, beheiztes Freischwimmbad. Der Hausherr als Küchenmeister verwöhnt seine Gäste mit einer vorzüglichen, kreativen Küche – von der Brotzeit bis zum Schlemmermenü, von Wildgerichten bis zu veget. Speisen. Wanderwochen! Moderate Preise. – *Ru = Mi (nur Winter).*

MA ● **Der Rundweg** – Durchgehend markiert mit *[Rundweg 4].* Vom *Gasthof Nöth* über die *Saalebrücke.* Dahinter re, Str aufw, auch *[Gelbes Dreieck]*, nach **Ochsenthal** (schönes *Kirchlein* 12. u. 14. Jh.). Ger durch den Ort, an dessen Ende ger. *Damwildgehege,*

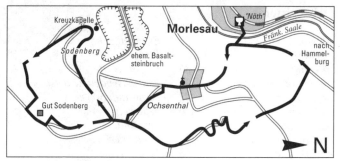

Waldanfang. Dreiergabel, *NSG*, 40 m li, dann re steil hoch. Waldrand li, Querweg re bis zur Waldecke (auch Rückwegabschnitt). Aussicht! Halb re aufw (*[Gelbes Dreieck]* nach li = Rückweg). Durch den Wald zur **Kreuzkapelle auf dem Sodenberg**. 1515 wurde hier das *„Heilig Kreuz"* errichtet, Ziel vieler Wallfahrer. Später kam noch die *Kapelle* hinzu. Re oberhalb der Rand des mächtigen **ehem. Basaltsteinbruchs** (bis 1952). Teilweise Aussicht. Vorsicht! In Ankunftsrichtung li abw *[4]* bis zum unteren Waldrand. An diesem entlang mit großartiger Aussicht auf *Rhön* und *Spessart*. Querweg li, vorbei am *Gut Sodenberg*. Sofort **(!)** dahinter li aufw zum Wald, *[Gelbes Dreieck]*, später auch *[4]*. Im Wald re, aufw, re wieder vor zum Waldrand, li daran entlang. Traumhaft schöne Aussicht: *Saaletal* mit *Hammelburg*, *Schloss Saaleck*, danach auf die 4 Antennen der *Erdfunkstelle Fuchsstadt*, später auch auf die *Hohe Rhön*. Nach der Sitzgruppe re **(!)** und ein Stück wie Herweg: Wegestern li, abw und ger **(!)**, auch *[Offenes Gelbes Dreieck]*. Blick auf den *Dreistelz* und die *Hohe Rhön*. Li in den Wald, eben, dann Bogen abw, Waldrand, Grasweg li abw. Kreuzung, befest. ger, *Ww*, Waldecke li, durch den Wald, *Saalebrücke*, **Morlesau**. Wohltuende Einkehr im *Gasthof Nöth*.

● **Weitere Wege** – Wegerweiterung übers *Gisela Kreuz* oder *„Wandern ohne Gepäck"*, Auskunft bei *Fam. Nöth* und *Spath*.

Ortsregister

177

Register der Gasthöfe, Hotels und Restaurants ▯

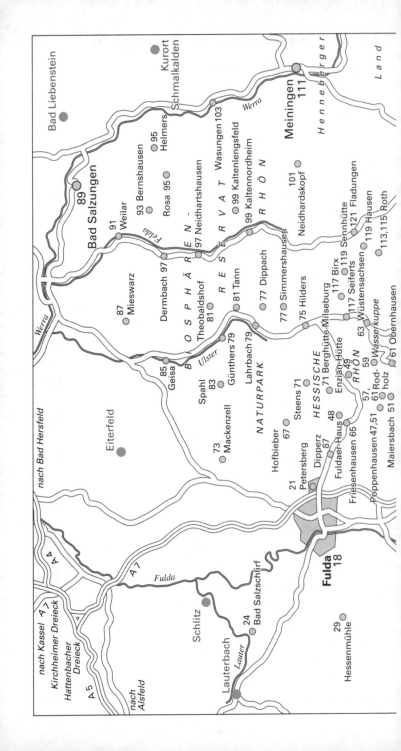

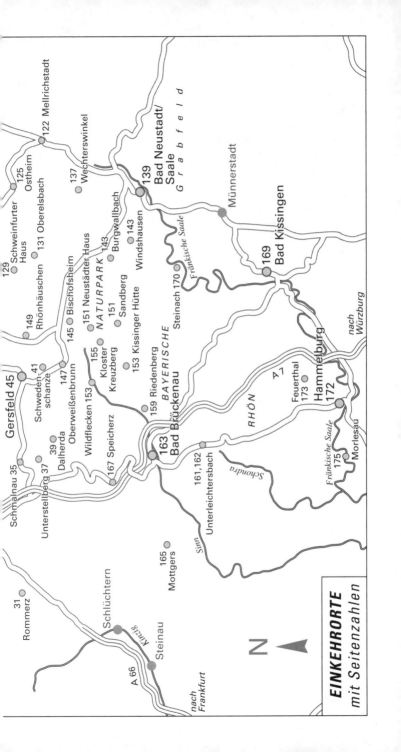

EINKEHRORTE
mit Seitenzahlen

N

31 Rommerz

Schlüchtern
Steinau
A 66
nach Frankfurt
Kinzig

165 Mottgers
Sinn

Schmalnau 35
Unterstellberg 37
39 Dalherda
147 Oberweißenbrunn
Schweden-schanze
41
Gersfeld 45
Wildflecken 153
167 Speicherz
155 Kloster Kreuzberg
159 Riedenberg
163 Bad Brückenau
Unterleichtersbach 161,162
Schondra

129 Schweinfurter Haus
131 Oberelsbach
149 Rhönhäuschen
145 Bischofsheim
151 Neustädter Haus
NATURPARK
151 Sandberg
153 Kissinger Hütte
BAYERISCHE
RHÖN
A 7

122 Mellrichstadt
125 Ostheim
137 Wechterswinkel
139 Bad Neustadt/ Saale
Grabfeld
143 Burgwallbach
143 Windshausen
Steinach 170
Fränkische Saale

Münnerstadt
169 Bad Kissingen
nach Würzburg

Feuerthal 173
Hammelburg 172
Fränkische Saale
175 Morlesau

182